Chez le même éditeur

- **Dans la collection « Des livres et vous » :**

Alain Gérardin, *Un court instant d'éternité*, nov. 2005
Nicole Cage-Florentiny, *C'est vole que je vole*, juillet 2006
Alain Bocher de Trégor, *Le Chevalier de Basse-Terre, tome 1*, juillet 2006
Christophe Méchin, *De l'Ankou à Viviane... Contes du temps présent*, oct. 2006
Anny M., *Cornélius... ou le combat des dieux*, nov. 2006
Alain Gérardin, *L'Autre*, oct. 2006
Patrick Burgel, *La Tournée 42*, sept. 2007
Association L.E.A. — Secours Populaire, *La pré-naissance des âmes*, nov. 2007
Patrick Burgel, *Henry Pot-de-Beurre à l'école des Sauciers*, nov. 2007
Chantal Dislaire, *Les couleurs de la vie*, dec. 2007
Christian Gros, *Le syndrome du caméléon*, dec. 2007
Chantal Dislaire dite Céliane Dex, *L'artiste aux 5000 et trois enfants*, janv. 2008
Isabelle Kévorkian, *Cet enfant que tu m'as volé*, fev. 2008
Michel König, *Le Troisième Temple — Retour à Massada*, mai 2008
Alain Gérardin, Juliette Pinoteau, *Le petit homme gris*, oct. 2009
Lionel Epaillard, Marie Godest, *Les Apérimots*, mars 2010.
Michel Tonnerre, *Une Bordée d'Rimes*, mai 2010.
Charles Doursenaud, *Le fusil de récompense, l'épopée d'un chouan breton*, juin 2010.

- **Dans la collection « De Brocéliande à... » :**

Christian Gros, *Henri Podeur et le secret de Merlin*, avril 2006
Myrdhin, Gwendaëlle Maillet, *Brocéliande de A à Z*, juin 2008
Jean-Baptiste Bourgery, Danielle Dini, *La Prophétie du Mage*, sept. 2008
Jacky Ealet, *Tréhorenteuc en Brocéliande*, dec. 2008
Pierrick Lemou, Jean-Luc Hiettre, *Balades gourmandes en Brocéliande*, avril 2010.
Collectif du Lycée Ampère (Josselin), *Nouvelles Légendes de Josselin et de Brocéliande*, juin 2010.
Marc Cantin et Isabel, *Merlin, un drôle d'enchanteur*, novembre 2010.
Maud Poupa, Maïwenn Penhouët, *Balades amoureuses en Brocéliande*, février 2010.

- **Dans la collection « L'Inacceptable » :**

Stéphane Cerveau, Anne Gérardin, *Petite Étoile — L'enfant soldat*, fev. 2007
Marilyn Degrenne, *J'ai 12 ans...*, avril 2007
Nicole Cage-Florentiny, *Et tu dis que tu m'aimes !*, avril 2007
Stéphane Cerveau, *L'arbre de Fraternité*, mai 2007
Nathalie M'Dela-Mounier, *Sans Patrie*, mai 2007
N. M'Dela-Mounier, C. Bohanne, S. Cerveau, *C'est où chez nous ?*, fev. 2008
N. M'Dela-Mounier, T. Diakité, *L'immigration n'est pas une Histoire sans paroles*, dec. 2008

- **Dans la collection « En Partage » :**

Pierre Rubin, *Le Sillon — Mémoires d'un paysan breton*, juillet 2006
R. Fort, M. Davalo, *Gilles Possémé, Une vie donnée pour la dignité humaine*, juin 2008
Sylvain Le Bail, *Cœurs de Breizh*, mai 2009
Sylvain Le Bail, *La lande perdue, à l'aube de la crise des fermes de 1921*, juin 2010.
Louis Cozan, *Un feu sur la mer*, octobre 2010.
Max Querrien, *Petite histoire du Grand Paimpol*, novembre 2010.

Nos réalisations pour des particuliers (non diffusés) :

Paule Perroux, *Livre d'histoires de notre famille*, 2008 - Françoise Lavoix, *Contes des prés et des bois*, 2008
Daniel Testard, *Sacrés chants*, 2009 - Madeleine Tertrais-Amice, *Il était une fermière...*, 2009
Josette Frédéric Tournerie, *Le chat qui pêche*, 2009 - Annick Lenoury, *Les quatre saisons de mon enfance*, 2010.
Pôleth M. Wadbled, *Panorama historique des migrations en Bretagne*, 2010 - Josette Tournerie, *Reflets de miroirs*, 2010.
Jean-Michel Moulin, *Joseph et la clochette*, 2010.

Éditions Les Oiseaux de papier SARL
Pépinière d'entreprises, 39 avenue Georges Pompidou, 56800 Ploërmel
Tél / fax : 02.97.72.35.17 — Courriel : lesoiseauxdepapier@wanadoo.fr
www.les-oiseaux-de-papier.com (informations, vente en ligne sécurisée...)

Mise en page : Maud Poupa - ISBN : 978-2-916359-49-6

DANIEL GOURICHON

DESSINS DE DENIS DEDENON

IMPAIR, PASSE... ET BANQUE

LES CHRONIQUES DE GASTON

Les oiseaux de papier

NOTE DE L'ÉDITEUR

Pourquoi un tel livre peut-il entrer dans notre collection *L'Inacceptable* ? Il faut être clair, ce ne sont pas les banques, ni le commerce de l'argent, ni même la Bourse en tant que tels qui sont inacceptables, ce sont les pratiques bancaires, le rôle de l'argent, ce que sont devenues la Finance et la Bourse qui le sont.

Depuis des décennies, peut-être depuis leur origine, les banques ne remplissent pas leur rôle, leur mission : être au service de l'économie, de l'homme.

Selon que vous soyez puissants ou misérables… elles vous accompagnent ou vous laissent sur le chemin, elles prêtent sur des garanties abusives (le parasol a progressivement remplacé le parapluie) ; elle fragilisent le système par des pratiques peu conformes aux ratios prudentiels (transformation, titrisation, marché optionnel) ; elles spéculent en Bourse en transformant l'institution en casino, elles jouent à une sorte de poker menteur ; elles créent une masse monétaire virtuelle déconnectée de la juste valeur des choses ; elles s'enrichissent sur le dos des déposants et des petits épargnants en générant des bénéfices indécents et inadéquats à leur valeur ajoutée : c'est pour toutes ces raisons, et d'autres encore, que la position des banques dans l'économie est INACCEPTABLE justifiant ainsi la publication de ce livre dans la collection du même nom.

L'éditeur précise que l'auteur est responsable de son texte s'appuyant sur le droit (et même devoir) de chacun à s'exprimer, indissociables des valeurs démocratiques.

AVANT-PROPOS

Nous avons voulu rassembler en un ouvrage les textes que notre ami Gaston Deschanel a rédigés depuis octobre 2007. La plupart ont été publiés par la CFDT *Société Générale*, d'autres l'ont été par la Fédération banques CFDT dans les pages banques de « CFDT magazine ». Quelques-uns étaient restés inédits.

Ces chroniques ont été librement inspirées par l'actualité de l'Entreprise ou de la profession. Elles reflètent la réalité du quotidien des salariés de cette entreprise, dans une période difficile. Elles sont partisanes, bien sûr, puisqu'elles visent à démontrer l'absurdité des conditions d'exercice du métier d'employé ou cadre de banque aujourd'hui. Nous ne disons pas le métier de banquier parce qu'il y a belle lurette que nous ne l'exerçons quasiment plus. Il nous est demandé, imposé, de nous consacrer à la vente à la criée, à la sauvette, forcée… Et parce que les dessins sont souvent plus parlants que l'enfilade des paragraphes, nous avons jugé utile d'illustrer ces propos de dessins signés DD, dessinateur attitré de la CFDT *Société Générale* depuis bientôt trente ans.

Puissent ces quelques pages vous réconcilier avec votre Conseiller ou Conseillère, que vous ne traiterez plus jamais de banquier à l'avenir, par la connotation plus que jamais péjorative qui s'attache à ce terme.

INTRODUCTION

Comment est né Gaston ? Très simple : Gaston est le fils d'un mouvement d'humeur et d'une étude approfondie obtenu par une insémination artificielle.

Mouvement d'humeur : Un matin d'octobre 2007, alors que j'arrive pour m'installer à mon poste de travail — je devrais plutôt dire à l'emplacement qui m'est réservé puisque mon travail est parti vers un Pôle Service Clients (PSC) depuis plus d'un mois — un collègue voisin me demande si j'ai lu le dernier numéro de *Capital*, numéro qui publie le classement des rémunérations des dirigeants de grandes entreprises, classement où Daniel Bouton figure en deuxième position avec 10,8 millions de revenus en 2006.

Étude approfondie : Depuis mi-2006, agacé par la propagande directionnelle, j'ai commencé une étude sur l'évolution des salaires à la *Société Générale* sous l'ère Bouton. Étude qui met à mal les vantardises sur la progression du pouvoir d'achat des salariés de la Banque. La poursuite et l'approfondissement de cette étude par la CFDT seront, d'ailleurs, à l'origine de la révision de l'accord social fin 2009 et de dispositions en faveur de plus de 2 000 salariés particulièrement maltraités.

Insémination artificielle : L'inséminateur s'appelle Hervé Kempf, écrivain et journaliste au *Monde*. Je viens de terminer la lecture de son livre *Comment les riches détruisent la planète* où j'ai apprécié cette définition du capitalisme selon Al Capone : « Un racket légitime organisé par la classe dominante » (les rémunérations du Bouton n'en sont-elles pas un exemple flagrant ?)

Je me suis donc retrouvé avec des données statistiques qui, examinées correctement et sur la durée, démontraient que les prétendus « succès » de l'Entreprise n'engraissaient qu'une caste limitée, sans que cela s'appuie sur une quelconque justification économique ou sociale. Les seules justifications sont celles qui prévalent dans tous les domaines de la société :

celles de l'excellence, de la performance, bref du mérite. N'y a-t-il pas d'ailleurs un « Ordre national » pour cela ? Mais les critères du mérite sont définis par l'élite elle-même, qui travaille dans ses propres intérêts. Comme l'explique Marcel Gauchet, historien et philosophe, auteur de l'expression « fractures sociales », on passe donc ainsi d'une élite à une oligarchie.

Réagir par l'indignation sur l'injustice de cette situation eût été possible mais vite oublié en raison du regard porté sur une telle réaction. Qu'importe un râleur de plus ? Qui plus est, elle aurait été par définition insuffisante eu égard aux enjeux. Au fond, peu importerait le prix exorbitant du Bouton si cela n'avait pas de conséquences sur les modes de consommation et leurs conséquences environnementales. Peu importerait ce prix si le Bouton et ses méthodes avaient une réelle valeur économique débouchant sur un tout aussi réel progrès social et environnemental.

Voilà pourquoi Gaston, prénom choisi en hommage à Franquin, aura pour mission (normal, il n'a pas de poste fixe) de rappeler que la *Société Générale*, son oligarchie, ses modes de fonctionnement contribuent sans états d'âme à la situation actuelle. Voilà pourquoi Gaston, beaucoup plus modestement que son illustre modèle, va chercher à souligner les limites des raisonnements univoques de nos dirigeants. Dans une société où l'individualisation forcenée de la relation de travail peut amener à un dangereux repli sur soi, Gaston s'est ainsi efforcé de traduire les réflexions entendues ici ou là pour que chacun puisse se reconnaître dans son quotidien, son vécu. Ses écrits auraient pu être les vôtres.

Nous sommes face à l'absurde d'un modèle de pensée centré sur une prétendue excellence, dont je continue à croire que ses zélateurs n'ont jamais su sortir de l'école maternelle. Après être allés de concours en concours depuis l'école primaire du XVIe ou de Neuilly, jusqu'à Polytechnique ou l'ENA, pour démontrer leur excellence, ils vont aujourd'hui de Conseil d'Administration en Conseil d'Administration. Il en résulte cette consanguinité des Conseils rappelée récemment par *Le Monde* : 98 personnes détiennent 43 % des droits de vote des sociétés du CAC 40. Il ne restait à Gaston que les armes de l'ironie, de la dérision et du raisonnement par l'absurde. À vous de juger à la lecture de cette compilation de textes s'il a atteint son objectif. Au vu des messages qui lui ont été adressés, je suis enclin à penser que la prise de conscience des absurdités de la société marchande est réelle. Il nous reste à la traduire sous forme de nouvelle construction sociale. Ceci passe par l'action de chacun à l'intérieur des entreprises comme « salarié citoyen », à l'extérieur comme « consommateur citoyen », à tout moment et en toutes circonstances comme « acteur responsable ». Pour moi qui viens de perdre le statut de salarié, j'entends bien adopter celui de « retraité citoyen, conscient et actif ». L'activité et le travail sont des choses bien différentes.

3 août 2005 : Nous sommes deux ans avant la naissance officielle de Gaston. Ce jour-là, à travers le fait anodin et répétitif que constitue la mise à jour du capital social sur les logiciels de nos ordinateurs, me voilà tenté par un petit jeu de rapprochement des chiffres. Exercice toujours parlant…

Petit mouvement d'humeur

Mon écran m'a dit ce matin que le capital de la *SG* avait changé.

J'ai lu avec intérêt qu'il avait été porté à 550 781 598,75 euros par création de 6 472 120 actions nouvelles.

J'ai lu avec tout autant d'intérêt les résultats de l'augmentation de capital réservée aux salariés qui font état de 357 millions d'euros collectés au prix de souscription de 63,75 € l'action, soit un total de 5 663 174 actions.

Les 808 946 actions qui restent proviennent des levées d'options de souscriptions d'actions intervenues du premier janvier au trente juin 2005 et faisant partie des plans de stock-option du premier semestre 2000. À l'époque, le cours de l'action était de l'ordre de 60 €.

Sur un cours actuel de 90 €, le gain est de 30 € par titre, soit au total 24,2 millions d'euros, chiffre qu'on rapprochera avec intérêt des 50,4 millions représentant l'intéressement 2004.

24 millions dans la poche pour quelques mandataires sociaux et cadres dirigeants, sans prendre le risque boursier, sans immobiliser un centime de cette trésorerie dont ils ont tant besoin par ailleurs…

50 millions pour 35 000 salariés qui doivent choisir entre récupérer leur prime immédiatement (pour cause de fin de mois difficile) ou prendre cinq ans de risque boursier, que les mêmes mandataires sociaux adoucissent par des gros mots (maux ?) tels qu'« abondement » et « décote »…

Cherchez l'horreur...

$$$

28 octobre 2007 : Voici l'acte de naissance dont, en toute immodestie, je ne suis pas peu fier, même s'il est plus que légitime d'adresser un grand merci à Hervé Kempf. En ce temps-là, la coupe du monde de rugby vient de se terminer et l'équipe de France, sponsorisée par la Société Générale, *a raté le podium.*

À Daniel Bouton, Président

FÉLICITATIONS

Monsieur le Président,

Félicitations pour votre deuxième place sur le podium des patrons les mieux payés de France. Je dois vous avouer que cela m'a consolé de la décevante prestation de ces rugbymen nationaux que la *Société Générale*, pardon « *Société Générale* » (causons moderne) subventionne si grassement. Heureusement que vous avez sauvé l'honneur. Sans vous, coupe du monde finie, nous disparaissions des médias mais grâce à votre brillant résultat, nous allons pouvoir rester en haut de l'affiche.

Je suis vraiment content. Mes collègues et moi, on se dit qu'on a un peu contribué à votre succès. C'est stimulant. Par exemple, mes potes cadres de niveau H/I, hé ben, ils ont perdu en moyenne 8 % de pouvoir d'achat en 7 ans. Et puis, ce qui est formidable, c'est que les copains, moins ils sont payés, plus ils font d'efforts. La preuve, les F/G font moins 9 %, les D/E moins 11 %. Les meilleurs restent les C avec moins 25 %. C'est sûr, aujourd'hui, ils font les fiers : ils voient le résultat de leurs efforts. J'ai même une collègue appréciée de sa hiérarchie car c'est une bonne vendeuse qui, avec 29 ans de métier, est toujours niveau C ! Vous devriez lui envoyer des fleurs : c'est la saison du chrysanthème. Elle a enterré toute ambition personnelle uniquement pour votre confort. Pourtant, je sais bien que, pour vous, ça n'a pas été facile. Longtemps il y eut Ernest Antoine à la tête du Comité des Rémunérations. Un féru de déontologie ! Son machin, le MEDEF disait qu'il faut limiter la rémunération des patrons à 240 fois le Smic, comme recommandé par Proxinvest. Vous avez bien fait de vous en débarrasser et de le remplacer par un autre Antoine (Jeancourt). Lui, il vient de la banque. Il comprend les difficultés de votre apostolat. Il compatit et vous a permis de franchir la barre des 700 Smic. Quel brave homme !

Mais, il faut aussi que je vous mette en garde : il y a des envieux autour de vous, des Brutus peut-être. J'en ai la preuve. Les petits salaires ont fait des efforts pour votre gloire, mais pas les autres. Les cadres de niveau J/K, en 7 ans, hé ben ils font plus 9 % de pouvoir d'achat. Les pires, ce sont les hors classe avec plus 23 %. Ils ne font cela que pour saboter votre ascension. Il m'a même été rapporté qu'ils ont créé une société secrète, le « Comité de Carrière » où ils s'octroient des hausses conséquentes entre eux et réciproquement : vous devriez les surveiller de près. C'est du mauvais esprit que ce refus de contribution à l'objectif commun, à savoir votre première place sur le podium.

Méfiez-vous aussi des actionnaires. Votre rémunération représente 2,4 centimes par action, alors certains disent que vous leur coûtez trop cher. Il faut y voir la réaction classique de capitalistes qui en sont restés à la lutte des classes version XIXe. La réussite des salariés modestes les dérange. Ne vous laissez pas influencer.

Les collègues et moi, nous cherchons comment faire pour vous aider à accéder à la première marche. Nous sommes conscients que tout cela fait un relais médiatique favorable auprès de la clientèle. Nous avons donc pris de grandes résolutions.

La première c'est que nous ne demanderons aucune augmentation au cours de l'année qui vient. Je sais bien que nous n'avions quasiment rien comme augmentation avant, et que 1 000 euros que nous abandonnons en théorie ne représentent que 0,09 pour mille de votre rémunération, mais « les petits ruisseaux font les grandes rivières », n'est-ce pas ?

La deuxième résolution c'est de faire en sorte que tout le monde contribue. C'est sincèrement épuisant de constater que les individus qui nous rappellent à l'ordre pour nos insuffisances de production ne font rien d'autre qu'analyser des statistiques. En réalité, ils ne fournissent aucun effort à titre personnel. Ils pourraient prendre exemple sur moi : je vous donne dans ce courrier des statistiques sur les efforts respectifs de chacun et je paye mon écot. C'est vrai que je vous demande de faire mieux l'année prochaine, mais gentiment et respectueusement alors qu'eux, en plus, ils ignorent le respect. Ils sont les Brutus dont je vous parle.

La troisième résolution est de vous aider à bien vous faire aimer de Nicolas, celui qui fait des cadeaux aux riches. Ne pas confondre avec saint Nicolas ! Celui-là, c'est un nul qui ne sait pas faire la différence entre les « clients bonne gamme » et les autres : il donne à tout le monde. Il faut que vous copiiez Vincent, celui qui prête son bateau et son avion. J'ai vérifié sur Internet ; vous avez gagné cette année le prix du bateau. Avec vos économies, vous pouvez acheter l'avion. Vous offrez une croisière à Nicolas qui en est friand et hop, le tour est joué. Le problème, c'est la consommation de ces engins : quelques tonnes de kérosène pour l'avion et du 200 litres à l'heure pour le bateau. Alors, on fera comme à la télé avec les émissions de Yann Arthus-Bertrand ou Nicolas Hulot : « compensées carbone ». Pour compenser, avec les collègues, on viendra au boulot à pied ou à vélo. On est cent et on a calculé : en un an, la compensation est faite ! C'est-y-pas une chouette idée ? La compensation carbone, c'est indispensable parce que la *Société Générale*, pardon « *Société Générale* » (c'est vrai que l'article est d'une familiarité inqualifiable) a signé le PNUE. Il ne faudrait pas qu'on fasse comme l'eau d'Évian qui vante sa pureté mais part en convois tirés par des locomotives Diesel parce que c'est moins cher (même si cela fait soixante pour cent de pollution en plus).

Force est de reconnaître, Monsieur le Président, que nos efforts n'ont pas été vains, puisque vous progressez d'année en année. Mais quand vous serez parvenu en haut de l'affiche, ce serait sympa de ne pas vous cramponner à votre première place, parce que, malgré toute notre ardeur, certains d'entre nous s'épuisent. Je m'en suis rendu compte à la dernière réunion : il y avait un ou deux râleurs pour l'idée de croisière compensée carbone.

Je vous laisse là. Le boulot m'attend. Enfin, le boulot, c'est beaucoup dire. J'ai plus de poste, 4D est passé chez nous. Mais vous me trouverez bien quelque chose.

Avec mes félicitations renouvelées, recevez, Monsieur le Président, l'expression de mes sentiments respectueux et dévoués.

Gaston Deschanel

PS : Deschanel, c'est un pseudo comme on dit. J'allais pas signer de mon vrai nom (une indiscrétion et les Brutus locaux seraient au courant). Pas fou, Gaston !

$$$

Décembre 2007 : Voilà déjà notre Gaston victime des ciseaux d'Anastasie pour avoir cité Madame BOUTON. Et cela m'inquiète ! Madame Bouton est membre de conseil d'administration de grandes sociétés. C'est un fait ! Il ne faudrait donc pas qu'au nom d'une vision erronée de l'égalité, l'absolution soit systématiquement donnée aux femmes. Une Présidente Directeure Générale qui fait autant de conneries qu'un Président Directeur Général se verrait ainsi protégée dans son action parce qu'elle est une femme. Et puis, si Madame Bouton est citée, c'est marginal. L'essentiel de ce courrier visait à rappeler que le banquier financeur n'est jamais innocent des mauvais coups de celui qu'il finance, surtout que nous sommes en pleine conférence de Bali sur l'environnement. Surtout qu'il est connu aussi que le groupe Carrefour *participe en Indonésie à la déforestation sauvage. Compte tenu des événements survenus depuis la rédaction de cette lettre, Anastasie serait sûrement plus compréhensive aujourd'hui. D'ailleurs, certaines idées reviendront sans dommage dans des courriers ultérieurs.*

À Daniel Bouton, Président

LONGUE VIE AU CGP

Monsieur le Président,

Ça y est, Monsieur le Président. Avec les copains, on vient de déposer les statuts de l'association pour votre première place sur le podium. On l'a appelée le CGP : Comité des Groupies du Président. Maintenant, nous sommes tous des CéGéPistes, sauf les CéGéPistes en titre : ils n'ont pas voulu adhérer. D'ailleurs, ils sont les seuls à ne pas venir à vélo. Il paraît que les pinces à vélo, ça fait pas très sérieux quand ils croisent leurs clients, les patrimoniaux. Vous savez bien, les patrimoniaux, ceux qui ont beaucoup de biens au soleil parce qu'ils ont fait prospérer leur argent à l'ombre. Vous en connaissez sûrement, mais vous ne savez peut-être pas qu'ils sont patrimoniaux. Forcément, à être dans l'ombre…

Ils m'ont nommé Président à l'unanimité ! C'est chouette. Si nous sommes amenés à nous rencontrer, on se donnera mutuellement du « Monsieur le Président ». Ça va me faire tout drôle.

Évidemment, on a pris pour logo la pince à vélo, verte sur fond rouge et noir, comme le logo de la Générale. Ce sera chouette. Il y en a qui ont proposé l'orang-outang parce qu'on en a parlé beaucoup avec la conférence de Bali sur le réchauffement climatique. Moi, je n'ai pas voulu parce que votre dame a travaillé autrefois chez *ABN Amro*, la première banque de Winmar.

Winmar, vous voyez qui c'est : ce sont ceux qui déforestent sauvagement en Indonésie. Heureusement qu'ils ne sont pas clients chez nous. Ça a vraiment dû vous compliquer l'existence à la maison : vous signataire du PNUE, et Madame qui faisait tout le contraire. C'est parfois dur la vie de couple. Alors, si on avait choisi l'orang-outang, vous n'auriez pas pu parler du CGP à Madame. Et nous, on a besoin de votre intervention auprès d'elle. En aparté, on tient à vous féliciter d'avoir influencé votre dame pour qu'elle ne participe plus à la destruction de l'habitat des orangs-outangs, surtout s'ils doivent nous remplacer quand l'humanité disparaîtra...

Je vous explique pourquoi on a besoin de votre dame. Quand il s'est agi de fixer le montant des cotisations, le trésorier a expliqué qu'il fallait mettre en place des cotisations indexées. Alors, il a proposé de les fixer à 10 % des augmentations collectives annuelles. C'est un peu compliqué, je vous le concède. Et comme les Brutus (dont je vous ai parlé l'autre fois) refusent d'adhérer, ce sont encore les petits salaires qui s'y collent. Alors, cette année, avec des cotisations moyennes de 30 euros par tête, on va être un peu juste, surtout avec la hausse du prix des pneus de vélo.

Et c'est là que votre dame intervient. Elle fait partie maintenant du Conseil d'Administration de *Ricard*, les philanthropes qui sponsorisent les concours de pétanque. Si elle pouvait nous obtenir une petite aide pour organiser un concours sur le parvis de la Défense, ça améliorerait nos ressources.

J'imagine déjà le spectacle : les logos à l'effigie de la Générale et du CGP flottant au vent du parvis, le personnel remplaçant la pause cigarette par la pause pétanque, l'odeur des merguez... Quel bonheur ! Bien sûr, on compte sur vous pour remettre la coupe au vainqueur. Ce serait bien si vous pouviez nous communiquer une date pour l'organisation à l'adresse de *gaston.deschanel@orange.fr*.

Évidemment, on peut avoir la malchance : qu'il pleuve, qu'il vente ou qu'il neige. Ce n'est pas grave. Je les connais, mes CéGéPistes. Pour votre gloire, ils sont prêts à affronter les éléments. Le plus gênant, ce serait une grève des transports comme récemment. C'est sûr, dans l'immédiat, on ne peut rien faire mais pour l'avenir, surtout avec la nouvelle tour et ses nouveaux habitants, on a eu une idée. Je sens qu'elle va vous plaire. Voilà l'idée : « *Société Générale* » — vous avez noté, je ne mets plus l'article —

a signé une charte avec Nanterre. À proximité du siège, il y a aussi une commune sinistrée : Neuilly. Ses malheureux habitants sont lourdement pénalisés par une pénurie de logements sociaux entraînant des pénalités qui grèvent le budget municipal. Ils doivent supporter de lourds impôts locaux, forcément.

Il suffirait que « *Société Générale* » construise des logements pour son personnel du siège à Neuilly. Tout le monde serait content. Le personnel qui vivrait dans une cité *SG*, comme au siècle dernier les gens de *Schneider* ou les mineurs des corons. Les contribuables de Neuilly bien sûr, le Président (enfin l'autre), pour l'intérêt porté aux résidents de sa bonne ville, le gouvernement, qui recherche les baisses d'impôts pour améliorer le pouvoir d'achat. Bref, tout le monde serait content. Il faudra aussi penser au garage à vélos au pied de la troisième tour.

Au centre de la cité, bien sûr, la place du Président Bouton avec la statue, comme celle de M. Schneider au Creusot. Encore un bienfaiteur de l'humanité dont on ne parle pas assez, lui qui avait mis au point des procédés efficaces pour lutter contre la surpopulation qui nous menace. Un écologiste avant l'heure. Que dis-je ? Un grand précurseur…

Pour l'école, le dispensaire, on peut attendre un peu. L'important c'est de s'engager dans la voie de la réforme, de la modernité, d'aller plus vite que les autres. Parce que « Travailler plus pour gagner plus », ça nous ramène seulement au niveau du début du XXe siècle, quand on a fait du travail une valeur de progression sociale. N'ayons pas peur de revenir au XIXe quand l'oisiveté était un symbole de réussite.

Car, enfin, pourquoi, Monsieur le Président, vous qui travaillez déjà tant que vous ne pouvez pas travailler plus pour gagner plus seriez pénalisé ? Soyez assuré que nous sommes à vos côtés pour empêcher ce grave recul social. Ainsi nous travaillons plus, bien que gagnant moins pour que vous, qui ne pouvez travailler plus, ne gagnez pas moins, mais plus. C'est simple.

Je vous laisse car c'est l'heure de ma pause. Bien que je n'aie rien à faire, il convient d'assurer la tradition. Avant, je faisais la pause entre deux périodes de travail. Maintenant, c'est entre deux périodes de repos. Mais il faut bien maintenir les valeurs essentielles, n'est-ce pas ?

Je vous prie d'agréer, Monsieur le Président, l'expression de mes sentiments respectueux et dévoués,

Gaston Deschanel, Président du CGP.

$$$

Janvier 2008 : Les facéties de Jérôme Kerviel mettent à mal le modèle tant vanté de banque universelle sans lequel il n'est point de salut. Les oligarques habituellement si sûrs d'eux nous abreuvent de messages faisant appel à la solidarité, à l'esprit de corps. Je l'avoue, n'ayant plus depuis longtemps aucune illusion sur les prétendues valeurs morales de cette entreprise et n'y trouvant quasiment plus d'individu honorable à mes yeux dans l'équipe dirigeante, la rédaction qui suit fut un moment jouissif.

À Daniel Bouton, Président

SANS ÊTRE DUPES, NOUS LE FERONS…

Monsieur le Président,

Désormais, mes enfants ne pourront plus me reprocher de dilapider leur héritage potentiel : d'autres s'en sont chargés.

Désormais, mon épouse ne me cassera plus les pieds avec ses envies de voyages lointains : un seul regard à la valeur du Plan d'Épargne d'Entreprise l'en dissuadera.

Tout irait bien donc, si je ne devais différer l'installation de panneaux solaires dans ma résidence principale. La banquise sera, à mon grand regret, une victime plus importante que les actionnaires.

Encore que ! Victime, l'actionnaire ? L'action de 1987 valait 15,90 €. Fin 2003 sa valeur a été multipliée par 4 : c'est le niveau auquel nous sommes revenus aujourd'hui. Dividende réinvesti, cela représente une valorisation de 650 % du capital, pour une hausse des prix de 150 %. Pas mal. C'est ainsi que mondialement la part des revenus du travail continue à chuter au profit des revenus du capital (en France plus rapidement qu'ailleurs). La *Société Générale*, comme toute entreprise qui se respecte, soigne ainsi son image de modernité.

Malheureusement l'image illustrée par les grands discours sur la rigueur, la bonne gouvernance, l'engagement social et sociétal vient de se lézarder durablement. Au fil des événements que nous découvrons par la presse : avertissements d'*Eurex* en novembre, possibles délits d'initiés, pratiques douteuses quasi généralisées, c'est la validité du modèle qui se trouve mise en cause. Cette mise en cause n'est pas celle de la Société Générale, mais celle du système qui veut que l'importance d'un individu soit mesurée par son statut social et les attributs dont il fait montre pour l'affirmer, de la *Rolex* à la *Porsche*, en passant par le pyjama *Dior*. Les économistes du XIXe s'étaient déjà penchés sur ce qu'ils appelaient : « la consommation ostentatoire ».

Notre trader présenté comme un fraudeur est la « victime » de son adhésion au système : tricher pour récolter des bonus et avoir un standing digne d'un trader. Il n'est pas différent en cela de nos PDG, Directeurs Généraux, Directeurs de Département et autres dont la référence pour leurs rémunérations est celle de leurs homologues américains alors que la référence pour le personnel de base tend à devenir celle de l'ouvrier chinois.

Et voilà que les événements ramènent nos dirigeants à plus de modestie et à la redécouverte des vertus de la solidarité.

Messages de regrets, messages vantant l'esprit de corps du réseau, messages vantant la validité de la politique salariale de l'Entreprise : tout y passe.

Ils ont vraiment la mémoire courte… En 1999, lors de l'OPA *BNP*, ils ont fait appel à ce même esprit de corps et ont été entendus autant par crainte d'un avenir qui devenait incertain en cas de réussite de l'OPA que par un réel attachement à l'Entreprise.

Pour quel résultat ? Une prime uniforme de 3 000 francs versée à l'ensemble des salariés. Pour ceux d'entre nous qui étaient présents à cette époque, nous n'avons pas oublié que les premières propositions constituaient en un jeu de primes hiérarchisées. Le fameux esprit de corps était déjà mis à mal dès la tempête passée.

Le plus grave est que cette prime a constitué un « solde de tout compte ». Car au même moment, la Convention Collective et la plupart des accords d'Entreprise étaient dénoncés. Le programme de restructuration du réseau appelé 4D s'annonçait.

Depuis lors, il n'y a plus de frein à la dérive des rémunérations : nos dirigeants ont adopté consciencieusement ce que les sociologues nomment le « comportement rationnel ». Ils se servent abondamment et en priorité, abreuvant leurs collaborateurs proches qui conservent un seau pour le suivant. Ensuite, nous en passons au verre puis à la cuillère. C'est ainsi qu'il reste le compte-gouttes pour la majorité.

Peut-on penser autrement à la vue de l'accord salarial signé le 16 janvier ? Selon la Direction, le résultat attendu pour le groupe à cette date était de 5,5 Mds €. Dès lors, je savoure la formule de présentation de l'accord sur RH ON LINE :

« À ces mesures collectives avantageuses au regard d'une conjoncture difficile et d'un environnement économique incertain pour 2008, viendront s'ajouter :

– des augmentations individuelles qui, en 2007, ont bénéficié à près de 55 % des collaborateurs ;

– des parts variables qui sont versées régulièrement à plus de 90 % des collaborateurs. »

Les augmentations individuelles à près de 55 % des collaborateurs, c'est faux : une analyse approfondie des bilans sociaux le prouve. Quant à l'équité des parts variables, elle se mesure à la nécessité d'établir un plafond de référence de 12 000 € pour bénéficier des mesures collectives.

Ah qu'il est beau cet appel des nantis à la solidarité ! Ils craignent pour leurs golfs, leurs voitures, leurs résidences secondaires, leurs appartements à Dubaï qu'il nous faut aider à sauver. Au fond, ils ont raison puisque nous allons le faire. Pas pour eux mais pour nous, comme cela fut fait dans le passé. Nous le ferons malgré des moyens qui ne nous permettent pas de renoncer, comme le font certains de nos dirigeants, à six mois de salaire, mais nous le ferons.

Nous le ferons sans être dupes. Car, demain ou après, quand les besoins de regroupement de la famille n'auront plus de raison d'être aux yeux de ses chefs, tout redeviendra comme avant en raison des « impérieuses contraintes du marché ».

En attendant ce demain, je vais jouir sans complexe et en toute sérénité, de ce retour provisoire à une considération inattendue.

Recevez, Monsieur le Président, l'expression de mes sentiments respectueux et dévoués.

Gaston Deschanel

$$$

Février 2008 : En victime noblement indignée par le comportement ignominieux de Jérôme, Daniel fait appel à ses actionnaires dont je fais partie à travers le plan d'Épargne d'Entreprise (j'avais pourtant résisté 8 ans depuis la privatisation de 1987 à laquelle je n'avais pas participé, soit jusqu'à mai 1995). Pas mal mais malgré tout, j'y étais venu : je ne récupérais plus la prime immédiatement comme le font les collègues aux fins de mois difficiles et je prenais cinq ans de risque boursier adoucis par les gros mots (maux ?) tels qu'« abondement » et « décote » pour reprendre une formule déjà citée. En cette circonstance, je prends conscience à quel point mon regard sur l'entreprise a changé. Mais non ! À la réflexion, ce n'est pas le regard que je porte qui a changé mais l'Entreprise qui n'a plus rien à voir avec la Banque nationale où je suis entré en janvier 1973.

À Daniel Bouton, Président,

Désolé, Monsieur le Président. Je ne ferai pas partie des souscripteurs à l'augmentation de capital, ni en tant qu'actionnaire individuel, ni en tant que porteur de parts du fonds E. Je laisse ce privilège à ceux qui, bénéficiaires d'une politique salariale caricaturale, ont pu accumuler au cours des dix dernières années, les moyens nécessaires pour y participer. Tel n'est pas mon cas, tel n'est pas celui de 80 % des salariés.

N'y voyez pas de contradiction avec ma dernière lettre. Cette opération est au-dessus de mes moyens. C'est aussi simple que cela. Mais je ne doute pas des efforts qui seront déployés pour convaincre les clients, actionnaires ou non, de souscrire. Quid des objectifs ? Quid des méthodes de suivi jusqu'au 28 février ?

Nul doute que les responsables d'Animation Marché (RAM) vont être sollicités pour établir des tableaux de suivi quotidiens. Une tâche de contrôle en quelque sorte. Mais le contrôle n'est-il pas l'essentiel de leur activité ? Établir les statistiques de production, les comparer par rapport aux confrères, au réseau, à la DR, à la DEC, à l'agence voisine, au chargé de clientèle du bureau contigu, rappeler à l'ordre et culpabiliser les commerciaux « défaillants ».

Nous avons là au moins un système de contrôle performant, doté de moyens humains et matériels conséquents. Quoi de plus naturel : dans notre système marchand, le consommateur est roi. Lui créer des besoins, même inutiles, est devenu la règle.

Bien sûr, il reste à convaincre les clients qu'ils ont besoin de souscrire, ou de devenir actionnaires s'ils ne le sont pas. Pour ceux dont la trésorerie est aussi exsangue que la mienne, il suffit de les convaincre qu'ils ont besoin d'un « Expresso » pour assouvir leurs besoins d'actionnariat, et le tour est joué. Il n'est pas donc pas nécessaire qu'ils se mettent dans le besoin.

Les contrôleurs de production seront aux anges en comptabilisant un prêt et une souscription, les contrôleurs de risques peut-être un peu moins. C'est sans importance, ils sont nettement moins nombreux.

Notre grande chance en cette période troublée est d'avoir une clientèle fidèle, au sens que Monsieur Larousse donne au mot « fidèle », fort différent de celui que lui donne Monsieur Reso. Monsieur Larousse voit la fidélité comme la constance dans la relation ; Monsieur Reso y voit l'expression du poids de la relation. Ainsi Monsieur Reso, persuadé du caractère ringard de la définition de Monsieur Larousse, a lancé en juin 2007 les « Services Haute Fidélité » destinés aux 5 % de clients importants, ceux qui ont plus de 6 000 € de revenus domiciliés mensuellement ou plus de 60 000 € d'épargne. Ces services sont offerts, sans paiement de cotisations, « en contrepartie de la qualité de leur relation avec la *Société Générale* ».

Alors ce matin, quand j'ai lu le message de Monsieur DRH rappelant que « les principes contenus dans le Code de Conduite doivent contribuer à maintenir et améliorer notre niveau de prévention des risques (**y compris de réputation**) », je me suis interrogé.

Monsieur DRH et Monsieur Reso se concertent-ils ?

Pour en savoir plus, j'ai relu le « Code de Conduite » qui m'a dit : « *Société Générale* cherche à créer de la valeur pour ses actionnaires, ses clients et ses collaborateurs dans le respect d'une **éthique exigeante fondée sur un ensemble de règles déontologiques rigoureuses**. Cette éthique nous engage à respecter les intérêts de tous nos partenaires et à **veiller à la transparence de nos pratiques**. »

Éthique ? Déontologie ? Transparence ? 95 % de nos clients ne sont pas concernés par les avantages tarifaires des SHF. Nous accorderaient-ils la même réputation s'ils venaient à savoir que la fidélité à la *SG* ne se mesure pas à la durée de la relation mais à l'épaisseur du matelas sur lequel elle repose ?

Il faut sans doute y voir une nouvelle manifestation de la modernité ambiante. Les « plafonds de ressources » en vigueur dans la société pour bénéficier d'aides sont remplacés par les « planchers de ressources » pour bénéficier de services gratuits ou à prix réduits. Et demain, créerons-nous le « bouclier tarifaire » ?

Curieusement nulle publicité, nul prospectus ne vantent le produit. Ses concepteurs n'ignorent donc pas le risque d'image qu'il fait courir et s'abstiennent de lui donner un coup de pouce. J.F. Sammarcelli écrit dans son message du 24/01 : « Les clients sont de mieux en mieux informés et de plus en plus sensibles aux prix. Ils ont raison. »

Dans sa grandeur d'âme, *Société Générale* ménage 95 % de ses clients en ne les informant pas. Elle ménage leur sensibilité. Elle flatte bassement les autres en créant des critères d'appartenance à une « élite », critères purement financiers il va de soi. L'opacité de l'offre est la conséquence du non-respect des valeurs éthiques que l'on prétend incarner. Nous sommes créateurs de l'offre commerciale en catimini.

Si demain, l'un des dix-neuf clients sur vingt non éligibles à ces services mais qui en aurait eu connaissance demande à en bénéficier, que doit répondre le conseiller ? : « Allez demander une augmentation à votre employeur ? » ou « Ouvrez un compte d'épargne et nous en reparlons dans dix ans ? »

Alors, Monsieur le Président, quand bien même mes moyens me permettraient de participer à l'augmentation de capital, le souci de conserver à mes investissements un caractère éthique me l'interdirait.

Je vous prie d'agréer, Monsieur le Président, l'expression de mes sentiments respectueux et dévoués,

Gaston Deschanel

$$$

Mars 2008 : Un peu de dérision sur les comportements de copains/coquins au sein des Conseils d'administration et un petit rappel des comportements que génèrent les objectifs de production élaborés au niveau de la Direction Générale. L'entreprise « Société Générale » *a son image écornée d'abord au sein de son personnel. Cette image écornée entraîne une moindre ardeur à la vente sans parler des doutes sur les produits proposés. Alors, pour atteindre les objectifs fixés, les hiérarchies intermédiaires appliquent la vieille technique de la carotte et du bâton. Elles ont été dotées pour cela d'un outil, la rémunération variable, prime annuelle totalement discrétionnaire, sans l'ombre d'un critère d'attribution. Le bonus du pauvre en quelque sorte. Bien entendu les équipes de Direction Générale qui ont élaboré les objectifs en raison des impérieuses contraintes du marché et nulle autre considération, ne voient, dans les excès générés par cette individualisation des rémunérations, que des débordements malencontreux qu'ils condamnent fermement au nom du respect de la déontologie et des valeurs humaines de l'Entreprise. Ils le font plusieurs fois l'an. Hypocrites ou inconscients ? Au moment où j'écris ces lignes de transition soit février 2010 la réponse est tombée : hypocrites ET inconscients ! Daniel Bouton ne vient-il pas de voter le maintien de la rémunération de 450 000 € de Proglio chez Veolia, alors qu'il passe à EDF ?*

À Daniel Bouton, Président,

Quelle journée, Monsieur le Président ! Ce matin je me suis levé tardivement, comme il se doit. Car enfin à quoi servirait-il de se lever tôt pour être au bureau tôt quand on n'a rien à y faire, je vous le demande ? J'allume la radio comme d'habitude, dans l'attente anxieuse de vos nouvelles et j'apprends que la *BNP* ne veut plus nous racheter. Ainsi, nous voilà devenus sans intérêt. Craindrait-on des cadavres dans les placards ? Nos actionnaires, dont la fidélité est proportionnelle à l'épaisseur du dividende distribué et à celle du gain attendu à court terme se précipitent pour céder leurs titres. Ah ! Une bonne OPA doublée d'un bon vieux plan social ! Voilà ce qu'attendait le marché ! **Les OPA sont au marché ce que l'EPO est au cyclisme.**

Mais la pire nouvelle m'est tombée dessus en consultant les actualités du titre : Antoine Jeancourt quitte le Conseil d'Administration. Quoi ? Cet homme qui fit tant, en qualité de Président du Comité des Rémunérations, pour la reconnaissance en espèces sonnantes et trébuchantes de vos mérites vous abandonne. Quoi ? Cet homme, qui avait su mettre fin à la tyrannie moralisatrice de son prédécesseur Ernest Antoine baron Seillière, vous lâche en cette période difficile. Les valeurs de solidarité tant prônées dans notre Entreprise désertent, hélas, le Conseil d'Administration. À moins qu'Antoine n'ait été victime du syndrome suisse qui affecte les titulaires de cette fonction. Ah le syndrome suisse, une horreur ! Le responsable de cette nouvelle peste : la fondation *Ethos*. Ces gens-là qui regroupent des actionnaires « caisses de pension » se croient tout permis. Comme les actionnaires ne peuvent pas voter en assemblée générale sur les rémunérations des dirigeants, ils votent quasi systématiquement contre les renouvellements de mandats d'administrateur des Présidents de Comité de rémunération. Certains qui n'avaient fait pourtant que leur devoir en accordant des sommes très raisonnables à leur PDG (16,6 millions d'euros à l'UBS) se sont ainsi vus sanctionner l'an passé, comme à l'UBS ou au Crédit Suisse. Quel culot !

Alors, Antoine a préféré éviter le déshonneur comme celui survenu à ses homologues suisses, réélus avec seulement 93 % des voix. Vous avez bien lu : 93 % seulement. Même la presse s'en est émue. C'est vous dire...

Il y a une autre hypothèse, celle du désaccord au sein du Comité des rémunérations. Les dénommés Folz, Ricard, Cicurel, Vandevelde n'auraient-ils pas par jalousie pure mis des bâtons dans les roues à Antoine et tenté de freiner son action ? Dans le doute, je vais appliquer le principe de précaution. Les citoyens susnommés Cicurel et Vandevelde sollicitent le renouvellement de leur mandat d'administrateur. Je voterai contre. On ne sait jamais : ces gens-là font peut-être de l'entrisme pour des fonds éthiques et ce ne pourrait être qu'à votre détriment. **Intolérable !**

Malgré tout cela, il faut rester serein, Monsieur le Président. Sur le front de la banque de détail, les vraies valeurs n'ont pas été oubliées. Quelques exemples vont vous mettre du baume au cœur. Il m'a ainsi été rapporté qu'un responsable d'UC s'était empressé fin janvier de distribuer d'urgence des objectifs individuels à tous ses commerciaux rappelant aux intéressés qu'il serait tenu compte de la réalisation de ceux-ci pour l'attribution de la rémunération variable.

Voilà un comportement responsable : il faut profiter des phases de doute du client pour vendre.

Nous en avons de la chance ! Des managers de cette trempe, capables d'embrasser toutes les réalités du moment et d'aller à l'essentiel sont irremplaçables.

Et cette rémunération variable qui nous est apportée exceptionnellement cette année par les cloches de Pâques est fidèle à la réputation que vous avez su lui donner : parcimonieuse, injuste, sans fondement et sans autre justification, que le fait du prince. Comme il est dit dans RH ON-LINE : Une part variable peut être attribuée chaque année en fonction de l'appréciation portée par la hiérarchie sur les résultats.

Mais vos zélés serviteurs savent faire beaucoup mieux. Ils ont inventé des nouveaux critères : une augmentation du salaire fixe dans l'année et hop, rémunération variable en baisse. Ventes « insuffisantes » par des chargés d'accueil (non soumis à des objectifs de vente) et hop rémunération variable supprimée. Mutation dans l'année et hop rémunération variable supprimée car plus personne ne sait qui doit payer. L'autocensure a des vertus insoupçonnables. Ainsi, nous devrions respecter cette hiérarchie des rémunérations qui fait notre force : une rémunération variable moyenne de 0,22 mois de salaire pour les niveaux C/D et 1,71 pour le niveau K. Ce qui prouve bien que le mérite augmente avec le niveau hiérarchique, et non l'inverse.

Je vois d'ici les larmes perlant à vos paupières devant la solidarité renouvelée de votre personnel. Ne vous laissez pas submerger par l'émotion. D'autres défis nous attendent. Surfant sur la vague écologique, de mauvais plaisants qui n'ont rien compris aux difficultés de l'économie réelle se lancent dans le financement d'investissements écolos et solidaires, comme si nous n'étions pas à la pointe du progrès en matière de développement durable. Si cette mode continue, il nous faudrait bientôt proposer des barèmes de crédit auto proportionnels aux émissions de CO_2 du véhicule. Alors que l'intérêt de la banque commande d'abord de financer à bas prix les véhicules chers (donc polluants) des gens aisés (donc solvables).

Bien sûr, il existe des irresponsables gauchistes comme Hervé Kempf ou Al Gore pour affirmer que l'écologie étant d'abord une question morale, c'est contre les inégalités sociales qu'il faut lutter. Mais que deviendrait-il alors de nos ambitions pour votre première marche du podium qui constituent notre raison d'espérer et notre première motivation de travail ?

Soyez certains que nous ne tomberons pas dans ce piège grossier.

Je vous prie d'agréer, Monsieur le Président, l'expression de mes sentiments respectueux et dévoués,

Gaston Deschanel

$$$

Avril 2008 : Nous sommes en guerre, et depuis belle lurette. Guerre économique certes, mais guerre quand même. L'argent étant le nerf de la guerre, des primes sont versées aux soldats méritants en fonction de leurs apparents succès. À la différence des fourragères, médailles et autres citations, tous hochets militaires que l'on s'empresse d'exhiber, les primes doivent faire l'objet de la discrétion la plus absolue. Point de cérémonie officielle de remise de médaille devant la troupe alignée. Tout doit se faire dans la discrétion. La Société Générale *aurait-elle honte de ses procédés ? Pas du tout. C'est qu'il est nécessaire de développer par tous moyens l'individualisation de la relation de travail. L'annonce faite au salarié du montant de la gratification qui va lui être accordée doit être entourée de cérémonial : réception dans le bureau du supérieur chargé de la distribution et tête à tête sur le pourquoi du « J't'en ai donné plus cette année » ou « Tu comprends, j'ai dû réduire ta part variable. » La plupart du temps, cela n'a aucune cohérence et surtout des relations très lointaines avec des critères objectifs. Normal puisqu'il n'y a pas de critères définis. Par exemple, dans mon cas, le gougnafier qui exerçait les fonctions de Directeur dans le groupe où j'officiais en 2001-2002 a divisé par 3 ma rémunération variable. Et mon supérieur hiérarchique direct, me recevant pour l'annonce du montant qu'il m'attribuait — 150 euros contre 458 l'année précédente — m'a dit être désolé mais il appliquait les consignes du Directeur. Qu'avais-je donc fait pour m'attirer les foudres du gougnafier, si ce n'est lui adresser trois mois plus tôt un courrier de rappel à l'ordre bien innocent ? Je vous laisse juge :*

Monsieur le Directeur,

Le jeudi 29 novembre, je me suis invité à une réunion concernant les conditions matérielles de passage à l'euro pour l'agence.

J'ai eu le mauvais goût au cours de ladite réunion d'entrer dans le débat concernant les conditions de vérification des billets, la logique de la communication publicitaire commerciale présentée à cette occasion, et quelques autres. En aucun cas, les questions posées n'ont traduit une quelconque agressivité. Il est vrai que ceci constitue mon appréciation, et que, si vous désirez trouver des participants à la dite réunion affirmant le contraire, vous n'aurez nulle difficulté à les trouver. En effet, ils dépendent de vous en termes d'affectation, d'emploi, de salaire, et je ne peux ignorer que vous savez utiliser au-delà de la légalité, de méthodes de pression inavouables (revoir les grèves sur la Convention Collective et vos menaces sur la non-communication des résultats).

Vous m'avez agressé dans le hall, en présence de clients, à l'issue de cette réunion. Que vous me reprochiez de m'être invité, soit. Mais que vous le fassiez de cette façon relève de l'intolérable. En presque 30 ans de carrière, jamais je n'aurai osé. Mon pire souvenir en la matière date d'Orléans quand, seul au guichet, j'ai dû interrompre une conversation téléphonique avec un Responsable de Clientèle Privée (RCP) aujourd'hui directeur, qui vitupérait dans l'appareil. À midi quinze j'étais dans son bureau pour reprendre la conversation, hors de toute présence.

Vous considérez que mon statut d'administrateur salarié ne me donnait pas le droit d'être présent à cette réunion. C'est juridiquement exact. Mais imaginons un court instant que M. Seillière, M. Tchuruk ou autre, administrateur de la *Société Générale* comme moi, vous ait demandé d'assister à cette réunion, quelle aurait été votre réaction ? À n'en pas douter, vous auriez envoyé votre RGA acheter un tapis rouge. Il est vrai qu'eux et moi ne brassons pas les mêmes sommes, n'avons pas les mêmes conceptions quant aux licenciements de salariés, ou autres règles de droit social. Je suppose, au vu de votre comportement, que la seule présence d'un salarié dans un conseil d'Administration, constitue pour vous une hérésie.

Qu'à titre individuel, vous ne supportiez pas les organisations syndicales et leurs représentants, je le conçois aisément, c'est votre droit le plus strict. Mais que vous ayez le même comportement dans vos fonctions de directeur, où vous êtes le mandataire de la *Société Générale*, est inadmissible.

Pour ma part, je suggère que nous en revenions aux relations antérieures, notamment lors de l'affaire D… qui nous avait valu de ne pas nous saluer pendant quinze jours. Cette méthode peut être reprise et perdurer.

Je vous prie, Monsieur le Directeur, de ne pas croire à l'expression de mes meilleurs sentiments,

Daniel Gourichon

$$$

Avril 2008 : Sauf à se voiler la face, chacun sait désormais que la part variable est d'abord utilisée comme moyen de sanction. Il faut y voir ce qu'elle est : un contournement de la loi qui interdit les sanctions pécuniaires. La règle première d'une bonne gestion du personnel restant sa division, il convient d'éviter que les salariés échangent entre eux sur les montants attribués. Ainsi va-t-on assister à ce remarquable exercice d'autocensure émanant d'un obscur cadre de la DRH : la rémunération perçue fait partie du secret bancaire. Le « bonus » doit être tu. Pour ce qui me concerne : 150 euros. Qui dit mieux ? À ce prix, c'est un plaisir de s'offrir une petite page d'ironie. Pourquoi le VIIIe Arrondissement ? Parce que s'y trouve l'Élysée ? Ah non ! Seulement par hasard.

LETTRE DU SALARIÉ GASTON DESCHANEL AU CITOYEN INSPECTEUR DES IMPÔTS

Au Citoyen Inspecteur des Impôts du VIIIe Arrondissement

Salut et Fraternité,

Tu m'invites, comme chaque année, à remplir mon devoir de citoyen et donc concomitamment ma déclaration de revenus.

J'ai quelques difficultés à donner suite à ton invitation. En consultant mes données personnelles sur mon ordinateur de travail, je m'aperçois qu'il y est précisé :

« **Nous attirons votre attention sur le fait que l'obligation de discrétion à laquelle vous êtes soumis s'étend aux informations relatives à votre rémunération. En conséquence, vous vous interdisez toute communication sur le sujet.** »

Me voilà dans une situation difficile : faut-il dire ou ne pas dire ? Si je te dévoile le montant de mes rémunérations, je suis passible de sanction, de mise à pied, voire même d'un licenciement. Et je ne parle pas des poursuites pénales pour violation du secret bancaire. Si je ne te le dévoile pas, je suis passible d'amendes, pénalités, et autres poursuites. Même l'imagination fertile d'un Corneille n'aurait pu placer Rodrigue ou Chimène dans une telle situation.

Devant l'impossibilité de te communiquer des chiffres précis, mais soucieux néanmoins d'apporter ma contribution à l'État, je t'informe :

– que ma rémunération 2007 est identique à celle de 2006, en raison des choix de politique salariale de mon employeur, la *Société Générale*. Seuls les hauts salaires sont augmentés de façon significative en raison de la hausse faramineuse des prix d'articles de luxe.

– que, n'ayant cédé aucun titre *Société Générale* (seules actions que j'aie en portefeuille), je ne suis pas imposable au titre des plus values. Cette situation devrait perdurer quelques années. Forcément !

Enfin, je te précise que j'adresse dès aujourd'hui à notre Président un courrier lui demandant de bien vouloir me délier de cette obligation de discrétion. Peut-être s'agit-il là d'une erreur : j'ai pu être victime d'une homonymie avec un trader.

Je te prie d'agréer, Citoyen Inspecteur des Impôts, mes salutations républicaines.

Gaston Deschanel

$$$

Avril 2008 : Complément de la lettre de février où je vantais les « services haute-fidélité », ces services destinés à la clientèle aisée qui constituent par leur seule existence une atteinte au principe républicain d'égalité. Mais les entreprises commerciales ne sont soumises qu'aux principes qu'elles veulent bien se fixer. Le niveau de revenus ou de patrimoine conditionne l'accès à ces services. Écœurant ? Même pas, puisqu'en ligne avec les règles d'une société où la qualité d'un individu se mesure à son pognon. C'est en vertu de ce principe incontournable que Bernard Madoff a très longtemps été déclaré honorable…

Connaissez-vous le catalogue « Délices printaniers » ? Non. Et son prédécesseur, « Splendeurs d'automne » ? Non plus… Courez vite le demander à votre agence « *Société Générale* » pour bénéficier d'un vrai coup de pouce à votre pouvoir d'achat.

Pour le prix modique d'une carte Visa « *Infinite* » à 300 € l'an, vous bénéficiez de réductions conséquentes chez quelques enseignes populaires comme *Hediard*, *Hilton*, quelques golfs et d'avantages VIP chez d'autres : seulement 48 heures pour une réservation au *Fouquet's*. Seul, un Président fraîchement élu a pu l'an dernier avoir une table sans réservation. C'est dire à quel niveau cette carte vous place.

Avec la carte « *Infinite* », vous avez les prestations de l'élite. Et l'élite commence tôt, à seulement 6 000 € de revenus mensuels.

Vous n'avez, hélas, pas d'amis qui puissent vous prêter un jet privé ? La carte « *Infinite* » l'a prévu. Une réduction jusqu'à 5 000 € sur votre location de jet est possible.

De plus, avec une telle carte, la bonne conscience est aisée. Il suffit de payer son écot à quelque dîner de charité organisé par les consommateurs de caviar au profit des consommateurs de soupe populaire. Ainsi l'élévation dans la hiérarchie sociale se double de la nécessaire compassion du riche vers le pauvre que la bienséance recommande à tout nouvel arrivant dans l'élite.

Alors oui, demandez vite votre catalogue.

Non, il n'est pas sur les présentoirs, voisinant celui du prix des services.

Le prix des services ne concerne que la populace. Évidemment

$$$

Mai 2008 : Comme il se doit en situation de crise, cette populace qui subit le prix des services a besoin d'entendre des discours rassurants et volontaires sur la nécessité de revenir à des pratiques de rémunération des dirigeants un peu plus acceptables aux yeux de « Monsieur tout le monde », mais la méthodologie imbécile qui pilote ce système ne change en rien. La course à la production traduit l'immobilisme de la pensée, l'incapacité mais surtout le refus d'évoluer tout en habillant chaque phrase, chaque acte, chaque décision du mot « changement », terme indispensable pour obtenir l'adhésion des masses. La classe dirigeante, c'est la classe de loisir dont nous parle Veblen. Je me permets une nouvelle fois de le citer : « D'ordinaire, la classe de loisir est largement à l'abri des nécessités économiques dont la contrainte se fait sentir dans toute société moderne hautement industrialisée. Les nécessités de la lutte pour la vie sont moins dures pour cette classe que pour aucune autre. Dans cette situation privilégiée, nous devons nous attendre qu'elle fasse la sourde oreille aux injonctions de l'heure et qu'elle se soucie moins que toute autre d'aménager les institutions. La classe de loisir, c'est la classe conservatrice. Ses membres ne se ressentent guère des chocs du monde économique. Ils ne se voient pas contraints, sous peine de déchéance, de changer quoi que ce soit à leurs habitudes ni aux opinions qu'ils conçoivent du monde extérieur, car ils ne sont pas des membres à part entière, des membres organisés de la société industrielle. L'urgence ne les met pas dans cet état de malaise qui seul détermine les hommes à s'en prendre à l'ordre existant, à renoncer aux opinions et façons de vivre dont ils s'étaient fait une habitude. Le rôle de la classe de loisir, c'est de retarder le mouvement et de conserver ce qui tombe en désuétude. » (Thorstein VEBLEN, Théorie de la classe de loisirs, *1899)*

CE MONDE EST INJUSTE, MONSIEUR LE PRÉSIDENT

Lettre du salarié Gaston Deschanel au Président Daniel Bouton.

Des années que nous ramons, trimons, nous escrimons. Des années d'efforts à grands coups de salaire réduit, de pouvoir d'achat affaibli, d'heures supplémentaires bénévoles. Toute cette énergie tendue vers un seul objectif : notre Président sur la première marche du podium des patrons les mieux payés de France.

Et patatras. Pour se faire mousser, un trader arriviste sabote égoïstement tout cela. Résultat : grâce à lui, vous avez atteint la première marche du podium, mais dans la catégorie des « patrons les plus cités dans la presse ». Pas vraiment la palme espérée. Aujourd'hui cet arriviste est remercié, et nous, nous continuons à trimer, ramer, nous escrimer sans plus savoir vraiment pourquoi. Oui, c'est injuste. Et en plus, maintenant qu'il y a le Président d'un côté et le Directeur Général de l'autre, lequel faut-il soutenir dans la course ? Et peut-on encore le faire sans se faire rabrouer ? Parce qu'il faut lire la presse. Une vraie campagne de dénigrement envers nos saigneurs et maîtres : « Les patrons français sont-ils trop payés ? » ou bien « 60 % des patrons européens les mieux payés sont français ». Jaloux !

Même le Premier ministre luxembourgeois s'y est mis. Il a osé qualifier les rémunérations des dirigeants de « fléau social ». Et pourquoi pas les dirigeants eux-mêmes pendant qu'il y est ? Encore un qui ne connaît rien à la réalité des entreprises : il croit sans doute que nous sommes entrés dans l'ère d'un capitalisme sauvage et débridé. Pas du tout. En fait, le socialisme triomphant est entré depuis longtemps à « *Société Générale* » et ailleurs. Insidieusement certes, mais il est là. J'entends ricaner les sceptiques. Ils ont tort. Vous le savez mieux que personne, Monsieur le Président, car tout commence au Conseil d'Administration. Ou plutôt au Comité de Sélection. Pour recruter les meilleurs, le premier critère consiste à trier les candidats issus de Polytechnique ou de l'ENA. S'ils cumulent les deux, c'est encore mieux. Appelons cela la garantie de consanguinité qui assure les mêmes modes de pensée donc la certitude que chaque question ne pourra avoir qu'une réponse et une seule. L'avant-garde éclairée, chère à Lénine, est là.

C'est donc ainsi qu'élevés dans le même moule, nos dirigeants comme ceux de nos confrères ont construit des modèles de réseaux parfaitement identiques et interchangeables consistant en des agences qu'ils espèrent truffées de vendeurs à défaut de conseillers. Freinés pendant des années dans leurs ardeurs planificatrices par le contre-modèle soviétique, la chute du mur de Berlin les a libérés. Ils ont pu alors donner libre cours à leur talent.

C'est ainsi que sont apparus les objectifs, copie conforme du Gosplan. Fixés en haut, les objectifs sont assignés à chaque unité de production. À la tête de cette unité, une sorte de haut fonctionnaire à la soviétique, auquel il est recommandé d'être membre de l'Amicale des Cadres comme ailleurs on était membre du Parti. Sa fonction essentielle : surveiller que la production est conforme au plan. Ses outils : des relais de la bonne parole, DCPP, RAM, RCL, qui doivent assurer l'endoctrinement. Des commissaires politiques en quelque sorte, qui n'ont d'autre choix que l'adhésion pour assurer leur survie. Évidemment, il y a quelques enthousiastes. Mais ceux-là sont très minoritaires : ils visent un siège au Politburo.

Les résultats sont probants. Comme dans l'ex-Union Soviétique, les chiffres de production sont flatteurs. À titre de récompense, de temps à autre, un Conseiller de Clientèle ou un responsable d'agence se voit offrir un placard dans la presse interne pour quelque trait de génie ayant permis une action commerciale efficace. Gloire éphémère. Au moins Stakhanov a-t-il sa statue dans le Donbass, même si elle ne surplombe plus guère qu'un désert industriel.

L'essentiel est ainsi atteint. La production est là et les statistiques flatteuses vont propulser les Commissaires politiques vers des carrières fulgurantes. Attention, seuls les enthousiastes, les inconditionnels, les membres du Parti sont concernés. Les autres au même titre que les stakhanovistes oubliés géreront les conséquences de cette production.

Ainsi, comme au temps du soviétisme triomphant, les résultats du plan sont proclamés, célébrés, comme la démonstration de la supériorité et de la justesse de vue de leurs auteurs et affidés. De cette production, les deux tiers disparaîtront en moins d'un an, justifiant des enquêtes et études commanditées par les Commissaires politiques des Délégations Régionales. Exactement comme en Union Soviétique où il fallait expliquer le pourquoi des files d'attente malgré les records de production. Jusqu'à ce que le système devienne si complexe qu'il en fut condamné à ne plus pouvoir progresser.

Allons, il sera temps de s'inquiéter quand les clients feront la « queue » au guichet.

Je vous prie d'agréer, Monsieur le Président, l'expression de mes sentiments respectueux et dévoués.

Gaston Deschanel

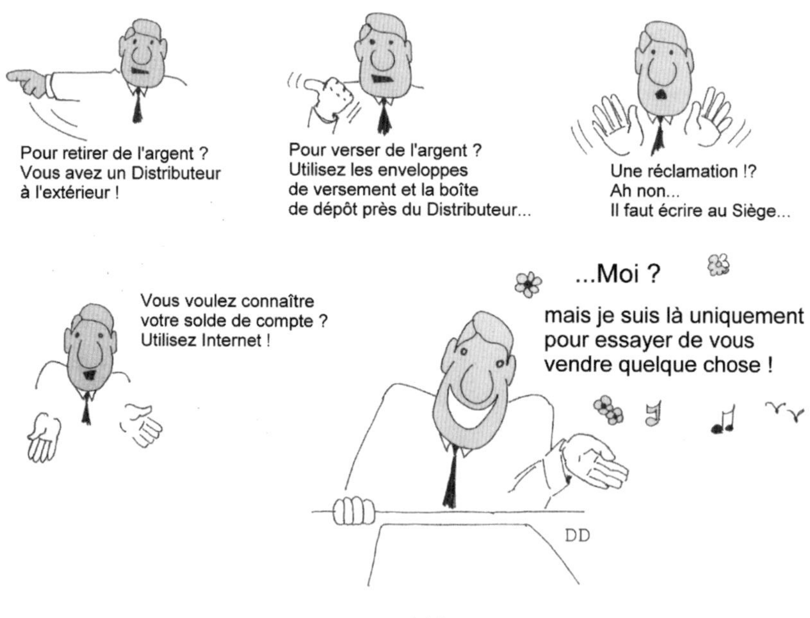

$$$

Juin 2008 : Les gens qui nous dirigent ont une très grande lucidité qui les conduit à des certitudes sur l'analyse qu'ils font de leur valeur. Entendons-nous bien sur le terme de valeur. Il n'y a guère que la presse économique pour mettre derrière lui des notions de compétence, d'éthique, de valeur humaine, bref « des valeurs morales ». La réalité est celle de la valeur monétaire qu'ils se reconnaissent entre eux via les Conseils d'Administration où ils ont le plaisir de se croiser. D'où ce billet d'humeur...

RETRAITE : « FAITES CE QUE JE DIS, PAS CE QUE JE FAIS ! »

M6 vient de diffuser un reportage sur les rémunérations des dirigeants de grandes entreprises, familles CAC 40 ou SBF 120. Classique en cette période, d'autant que les envolées de ces rémunérations et les formes qu'elles adoptent, stocks options ou actions gratuites, pour échapper au devoir de solidarité improprement appelé charges sociales, interrogent.

Les justifications apportées à cette envolée interrogent encore plus. Résumons-les : charge de travail, responsabilité vis-à-vis des salariés et actionnaires, durée de carrière plus courte que celle d'un footballeur professionnel, etc.

Il y a quelque pertinence à ces arguments, mais cette pertinence est mise à mal par les dirigeants eux-mêmes quand est abordé le problème de leurs retraites et parachutes dorés. Une retraite mensuelle de 8 000 euros ne permet pas le maintien du train de vie habituel, d'où la nécessité d'un complément annuel de 500 000 € et autres annexes.

Les retraités et futurs retraités apprécieront. Les références pour fixer leurs conditions de départ sont les durées et niveaux de cotisations. La retraite est une moyenne de carrière. Pour les patrons vedettes, c'est le niveau de vie maximum atteint qui est la référence, soit le principe de la retraite chapeau.

Et dire qu'il y a quinze ans, il était urgent pour l'AFB de mettre fin aux retraites chapeau de la profession bancaire pour pérenniser le système.

Nous en étions d'accord. Et nous le sommes toujours.

Gaston Deschanel

$$$

Juin 2008 : Première assemblée générale après les facéties de Jérôme. Première assemblée générale également où Daniel Bouton ne devra plus se mettre en vedette sous les feux de la rampe, mais affronter la critique de ces actionnaires qu'il choyait tant et qui habituellement l'applaudissaient à tout rompre. Il s'emploiera tout au long de l'Assemblée à défendre son modèle de Banque, les réussites obtenues. Peine perdue, la confiance s'est envolée !

QUELLE ASSEMBLÉE GÉNÉRALE, MONSIEUR LE PRÉSIDENT…

Nos actionnaires étaient plus nombreux que jamais pour vous écouter. C'était forcément pour cela puisqu'il n'y avait pas assez de buffet pour tout le monde. Hélas, je n'ai pas pu venir.

Après ma journée de travail habituelle, je me suis précipité sur mon ordinateur pour suivre sur Internet vos aventures à cette Assemblée. J'ai eu quelques difficultés à me connecter. Forcément… J'utilise *Firefox* comme navigateur. Il fallait utiliser *Microsoft Explorer*. J'avais oublié qu'il faut reverser des royalties à ce pauvre Bill pour qu'il puisse faire ostensiblement la charité à travers sa fondation. Surtout maintenant qu'il vient de mettre 47 millions de dollars au pot pour le développement des cultures OGM en Afrique. Quel bonheur pour les paysans africains : ils pourront, comme leurs homologues indiens, bénéficier des bienfaits de *Monsanto*. Grâce à Bill certes mais aussi un peu grâce à nous. Je suis heureux de me sentir un peu bienfaiteur de l'humanité grâce à nos marchés avec Bill.

Donc, je laisse tomber *Firefox*, je me connecte via Bill et voilà que **j'assiste au triste spectacle de ces actionnaires vous demandant des comptes, vous huant même.** Consternant ! Pire, parmi ceux qui ne sont pas venus, ils n'étaient plus que 18 000 à vous avoir donné pouvoir quand ils étaient le double l'an passé. **Cela fait la même évolution que la valeur de l'action : la confiance envers vous a été divisée par deux.**

Puis il y a eu ce « grognard », comme s'il s'est qualifié lui-même, arguant que « quand on crée les conditions d'un gros bonus, on abaisse le seuil d'honnêteté des gens. »

Je vous le dis tout net, Monsieur le Président : il n'a rien compris, cet homme-là. Il ne s'agit pas d'un problème de « seuil d'honnêteté » mais d'ego. Je vous en ai d'ailleurs déjà parlé dans un précédent courrier.

Comment un malheureux trader contraint de venir par la ligne surchargée du RER A n'envierait-il pas ses collègues qui garent leur *Porsche Cayenne* au sous-sol de la Tour ? À bientôt 400 g de gaz carbonique au kilomètre, voilà qui assoit son homme : plus on pollue, plus on existe.

Prenez François Pinault, par exemple : comme le rappelait Hervé Kempf, les quelque 900 invités au pince-fesses d'inauguration de son musée vénitien sont venus avec 160jets privés, saturant les aéroports voisins et obligeant à des transferts en hélico. Pour faire la une de la presse people, M. Pinault et ses invités nous ont autant gazés au dioxyde de carbone que le font en un an un bon millier de ces crétins prenant quotidiennement leur vieille voiture hyperpolluante pour aller bosser parce qu'ils n'ont pas la possibilité de la changer. Et la presse d'encenser M. Pinault pour son sens de l'art. Au rythme où vont les choses, M. Pinault fera peut-être encore dans dix ans les unes des journaux en comparaissant devant un Tribunal Pénal International pour son abondante contribution à la pollution de l'humanité.

Quelle tristesse ! Vous ne cessiez de répéter : « Cette fraude est le fruit d'un acte isolé ; elle ne signifie pas un dysfonctionnement de nos modèles de risques de marché et ne remet pas en cause le cœur de nos activités de marché » ou « L'action *Société Générale* reste l'une des plus performantes des banques européennes. » Peine perdue… Les actionnaires ne voulaient pas l'entendre. Comment leur expliquer qu'emporté par la frénésie de croissance des résultats de la Banque d'Investissement, la tentation était trop forte d'atteindre des sommets. Comment leur dire que c'est un comportement normal pour des oligarques qui n'ont d'autre souci que se livrer une course épuisante à la puissance et à l'ostentation.

Pour rester dans la course, ne pas faillir, ne pas déchoir, il leur faut toujours plus.

Même les Fonds de retraite britanniques se mettent contre vous. N'ai-je pas entendu l'une de leurs représentantes annoncer qu'elle voterait contre les résolutions 15 et 16, bien anodines pourtant, prévoyant la distribution de stocks options et actions gratuites. Quoi de plus normal ? 342 M € viennent d'être distribués aux traders en actions. Rien que de la bonne gestion : sous forme de salaires, il eût fallu y ajouter 100 M € de charges. Notre malheureuse Entreprise, vu son état, ne peut prendre en charge l'équivalent de 12,5 % des recettes de franchises médicales attendues par la Sécurité Sociale.

Mais il va falloir se méfier, Monsieur le Président. Il y avait beaucoup de retraités à cette Assemblée Générale, et les retraités risquent fort d'être les plus malmenés par ces franchises. Ils pourraient bien finir par malmener aussi vos résolutions. Car enfin, elles ne sont guère adoptées qu'à 70/75 % des présents, soit 33 % des droits de vote. Nul n'ignore que les actionnaires institutionnels ou historiques plus l'autocontrôle représentaient à cette assemblée de 22 à 25 % de ces droits. En ajoutant à ce chiffre les pouvoirs qui vous ont été confiés, il reste bien peu de monde pour approuver vos choix.

Manifestement, vos actionnaires n'apprécient guère votre façon de partager les plus values prioritairement en faveur de votre aréopage.

Je vous prie d'agréer, Monsieur le Président, l'expression de mes sentiments respectueux et dévoués.

Gaston Deschanel

$$$

Juin 2008 : Une petite parenthèse dans ce monde de brutes. Voilà ce qu'aurait pu écrire le Président Bouton pour le départ en retraite du Responsable de la Gestion Administrative (RGA) de la DEC dans laquelle j'existe encore à l'effectif. Un homme sympathique et efficace, même si nous eûmes, fonctions respectives obligeant - n'était-il pas chef du personnel - quelques différends.

Daniel Bouton, Président

À Claude C., RGA de…

Paris, le 26 juin 2008

Mon cher Claude,

J'ai bien reçu l'invitation pour ton pot de départ en retraite que m'a transmise fort aimablement notre directeur régional.

Je pensais mettre à profit ma présence à Évian pour y assister. Malheureusement, je n'ai pas pu me faire remplacer au dîner de charité organisé au profit des golfeurs nécessiteux et qui a lieu le même soir au Royal Évian.

Je suis affligé de cette déconvenue à un point que tu ne peux imaginer. D'autant plus affligé qu'il devient exceptionnel de rencontrer dans notre Entreprise des gens qui, comme toi, acceptent de travailler à un âge avancé. Le dernier de cette trempe que j'ai rencontré s'appelait Marc Vienot. Mais lui, j'aurais apprécié qu'il me laisse son fauteuil avant d'atteindre soixante-dix ans. Enfin, septante ans si on veut parler suisse, langue très usitée sur le golf évianais.

Travailler, oui ; se cramponner, non.

D'après ce qui m'a été communiqué, tu n'as pas encore effectué ton stage de préparation à la retraite. Peut-être pourrions-nous l'accomplir ensemble, car je ne suis plus vraiment certain de rester très longtemps. Si cette idée te tente, contacte-moi par l'intermédiaire de notre ami commun Gaston Deschanel avec qui j'entretiens une relation épistolaire régulière bien qu'à sens unique.

À ce qu'il m'a été rapporté, ne pas se laisser déborder par la non-activité constitue l'activité première du retraité modèle, qui devient du fait de cette résistance permanente à la non-activité un hyperactif. Dans ton cas, je te recommande la lecture de Marx. Tu verras, c'est passionnant. J'ai moi-même commencé à m'y intéresser maintenant que j'ai pas mal de temps libre. Entendons-nous bien je te parle de Marx le cuisinier, pas l'autre. Évidemment !

Tu y trouveras de délicieuses façons de cuisiner les rognons et les crêpes suzette. Car, pour bien s'imprégner de l'esprit de Marx, il faut commencer par cuisiner ce que l'on aime. Et tu verras, tout doucement, l'inspiration et l'esprit de création que 38 ans de présence chez *Société Générale* ont vainement tenté d'annihiler retrouveront toutes leurs possibilités.

Je t'imagine bien également mettant à profit l'expérience douloureusement acquise soit au cours de multiples réunions avec des copropriétaires hargneux, soit au fil de relations difficiles avec des syndics persuadés que la banque est une formidable vache à lait. Si tu savais à quel point tes comptes-rendus de ces relations et réunions, effectués sourcils froncés, air bougon, voix rauque, ont pu impressionner. C'est bien simple : dès que tu avais une réunion avec ces gens-là, chacun le savait 48 heures avant sans même consulter ton agenda. Quant à savoir ensuite si cela s'était bien passé, personne n'a jamais pu le savoir puisque dans les 48 heures qui suivaient, sourcils froncés et air revêche interdisaient de venir aux nouvelles.

Dans le cadre de tes activités de retraite, je te suggère d'animer des formations bénévoles sur le thème : « Comment se faire aimer des copropriétaires ou syndics quand on est une banque riche et en bonne santé ? » À proposer d'abord aux confrères bien sûr car chez nous, il semblerait qu'une telle initiative puisse attendre un peu.

Mais si l'important est d'avoir des projets, une semaine difficile se prépare à partir de lundi. Je vais te donner quelques conseils de transition :

– Lundi matin, appeler à 8 h 31 sur le numéro du standard jusqu'à ce que Jean-Claude décroche pour te raconter la dernière histoire chablaisienne. S'il le fait, **tout va bien.**

– 8 h 45 : appeler Monique et Pierre. S'ils sont débordés, s'il y a trop d'absents, dis-toi que la situation est normale : **tout va bien.**

– 9 heures : appeler Yves ; s'il te parle de sa retraite, **tout va bien.**

– 9 h 15 : appeler Philippe ; pas pour lui demander un conseil de gestion car ce n'est pas parce que tu as récupéré ton Plan d'Épargne Entreprise que tu es devenu riche, Seulement pour l'entendre dire qu'il en a marre. S'il te le dit, **tout va bien.**

– 9 h 30 : appelle Gaston. S'il te dit qu'il a un retard fou et qu'il n'arrive plus à rattraper son retard à ne rien faire, **tout va bien**.

Là, tu arrêtes. Si tu n'es pas là et que tout va bien, c'est que tu as su éviter de faire partie de la race des indispensables, dont chacun sait quels lieux ils peuplent.

Tu ouvres une page de Marx au hasard. Au hasard, tu tombes sur la page « Langouste grillée ». Alors, tu prends le cabas, tu vas tranquillement au marché chercher ta langouste et tu ne te préoccupes plus du reste. Puisqu'ils te l'ont dit : **TOUT VA BIEN**.

JOYEUSE RETRAITE, CLAUDE

Daniel Bouton

PS : Si quelquefois tu passes à Paris, passes me voir à la Tour. Je suis au 35e. Enfin, pour l'instant…

$$$

Juin 2008 : Ce n'est pas signé Gaston. C'est un tract sous en-tête CFDT que j'ai rédigé et que nous avons distribué dans la Direction d'Exploitation Commerciale (DEC) où je figure à l'effectif pour apporter une démonstration supplémentaire, mais en est-il besoin, de l'inconséquence totale des hiérarchies dans la course aux résultats. À cette époque les deux DEC, sur les onze qui composent la Délégation Régionale, figurant en queue de classement dans le domaine de la « production » de crédits à la consommation organiseront chacune leur challenge. Car la place de dernier ou avant-dernier est intolérable, insupportable pour les carriéristes de service. Les autres DEC qui figurent en queue de classement pour d'autres produits organisent aussi leur challenge de rattrapage pour ces produits.

Triste monde que celui où le reporting permanent des résultats conduit à la compétition forcenée. Triste monde que celui où chacun ne peut exister que par référence à l'autre. Triste monde que celui où l'on préfère le comportement pavlovien à la réflexion, le résultat immédiat à la construction durable.

OLYMPIADES CRÉDIT CONSO :
VIVE LE BOYCOTT

« **Si le laisser-faire productiviste et consumériste continue d'imposer sa loi, la régression économique et sociale nous est promise.** »
(Nicolas Hulot, le Pacte Écologique)

Les membres de la Direction de la DEC n'ont pas fait partie des signataires de ce pacte puisqu'ils en sont encore à organiser un challenge pour doper la production des crédits à la consommation.

Et quel challenge ! Des objectifs que nous qualifierons pudiquement d'irréalistes (l'adjectif parfaitement adapté pourrait en effet être considéré comme insultant) justifiés selon leurs auteurs par l'évolution des chiffres de la DEC. À preuve, selon eux, l'évolution des encours.

Nous avons donc eu la curiosité de comparer ces encours avec les dernières statistiques publiées par la Banque de France (*STAT INFO* du 24/06/2008) :

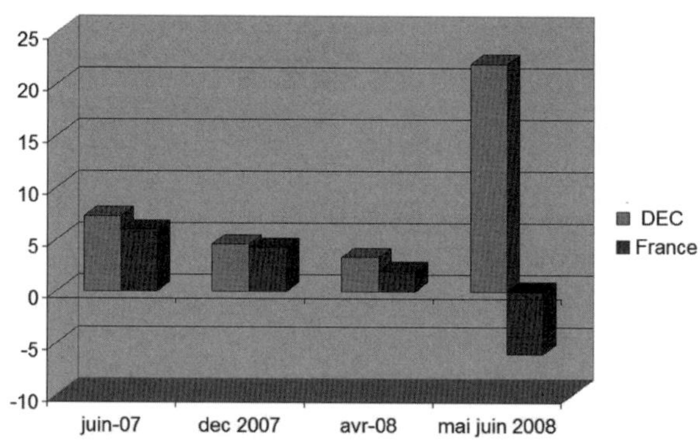

Alors que la progression des encours de la DEC s'est située au cours de la dernière année légèrement au-dessus de la production nationale, voilà qu'au moment où ces données nationales chutent de 6 points, nous serions susceptibles de faire + 15.

Et pourquoi atteindre 155 000 euros de production (objectif recherché) au 31 octobre ?

« **Pour rattraper le retard par rapport au budget ?** »

Un peu de bon sens, mesdames et messieurs ! Si l'environnement a changé, c'est votre budget qu'il faut revoir. Vos challenges constituent des emplâtres sur une jambe de bois et vous ne devez pas en être très fiers puisqu'à la date du 8 juillet, soit un mois après son lancement, le règlement de votre challenge baptisé « Olympiades crédit conso » n'est toujours pas paru. À quand la cérémonie d'ouverture ?

« Un ménage sur deux en France a un crédit consommation »

Allons, allons : nous savons déjà par le graphique précédent que tout ne va pas si mal. Il n'est pas nécessaire d'y ajouter des éléments statistiques faux pour justifier l'injustifiable.

« En France près d'un ménage sur deux est endetté à titre privé. Près d'un tiers des ménages détient au moins un emprunt à l'habitat, dont le motif est, pour 73 % d'entre eux, l'achat de la résidence principale. Ils sont presque aussi nombreux (28 %) à être endettés en raison de crédits à la consommation. Dans 68 % des cas, le motif en est l'achat d'un véhicule. » (Source : dernière enquête patrimoine de l'INSEE).

La réalité est donc : un ménage sur qautre en France a un crédit consommation.

« 10 clients sur 100 dans la DEC ont un crédit consommation. »

Comme si la notion de ménage retenue par l'INSEE et celle de client retenue par la *Société Générale* étaient identiques.

« Définition du ménage : individus ou groupes d'individus considérés tant dans leur fonction de consommateurs que dans celle, éventuelle, d'entrepreneurs produisant des biens marchands ou des services financiers et non financiers marchands. »

Ainsi, une famille avec deux enfants constitue un seul agent économique « ménage » au sens de la Comptabilité Nationale. La même famille avec un compte joint, un compte pour Monsieur, un pour Madame et un merveilleux livret *Eurokid* pour chacun des enfants va constituer cinq clients *SG*. Si un ménage peut être à l'origine de cinq clients, on mesure toute la stupidité des comparaisons retenues.

À L'IMPOSSIBLE NUL N'EST TENU…

D'autant moins tenu qu'il n'a aucune reconnaissance salariale à attendre d'une hiérarchie uniquement préoccupée de ses propres gains. Après recoupement des réponses qui nous sont parvenues concernant la rémunération variable avec les données que nous avons communiquées précédemment, il apparaît que :

– 80 % de la masse RV (Rémunération Variable) distribuée en 2008 (176 k€) sont allés à 20 % du personnel

– la RV par niveau hiérarchique est, pour ce qui concerne les TMB, inférieure aux moyennes nationales dans une fourchette de 20 à 40 %.

Selon le Directeur régional, « la RV permet de récompenser les salariés qui répondent aux attentes de leur hiérarchie, s'inscrivent pleinement dans la politique de la maison, font preuve de motivation et d'implication dans leur travail et obtiennent ainsi des résultats significatifs. »

Nous voilà revenus à notre citation de départ : la politique de la DEC se situe par choix dans le laisser faire productiviste et consumériste, et la régression sociale ne nous est plus seulement promise mais est déjà largement en marche. Voilà au moins un domaine d'anticipation !

N'en déplaise à certains, vouloir inciter la clientèle à souscrire des crédits dont elle n'a pas besoin relève de l'inconscience, encore plus aujourd'hui qu'hier, parce que nul ne peut plus prétendre ignorer les conséquences écologiques catastrophiques de nos modes de consommation. Cette évidence dérange nos Directeurs tout occupés qu'ils sont par leur besoin obsessionnel d'être le premier. Mais quand cette course à l'ostentation, dont nous nous moquons tous, les conduit à favoriser les comportements destructeurs, il devient nécessaire de résister.

Soyons honnêtes et reconnaissons que, parfois, au bas de leurs messages figure une mention nous invitant à penser à l'environnement avant d'imprimer. En langage scout, cela s'appelle une BA…

$$$

Juillet 2008 : Dans une interview à Libération *du 21 juin 2008, Carla Bruni commente ainsi une photo de la manifestation du 17 juin : « Sur cette photographie, ce qui me frappe, c'est la banderole où deux mots coexistent : CFDT et « Banques ». Mais aussi le vieux monsieur émouvant au premier plan. On dirait qu'il représente à lui tout seul la pérennité d'une tradition de protestation populaire. » Ben voyons ! D'où une petite mise au point publiée par le magazine* CFDT banques.

Sacrée Carla. La voilà frappée par la coexistence, pourtant pacifique, des deux mots « CFDT » et « Banques ». Comme si le mot « Banques » entraînait à lui seul pour les salariés de ce secteur une opulence telle que toute présence syndicale s'en trouverait déplacée voire incompréhensible ou même absurde.

Quand la conjugaison est « CFDT » et « Métallurgie », « CFDT » et « Textile », « CFDT » et « Agroalimentaire », cela ne frappe pas bien sûr. Parce que « Métallurgie » renvoie dans la pensée aux métallos, « Textile » aux « petites mains » de la couture, « Agroalimentaire » aux ouvriers de *Lu* ou *Danone*. L'image spontanée est de ce fait celle d'un salarié, pas celle d'Ernest Antoine, baron Seillière, d'un François Pinault, d'un Bernard Arnaud ou autre. Par une absurdité de langage, le terme « Banques » renvoie lui à banquier mais jamais à employé de banque.

Permets-nous de te dire, très chère Carla, l'adjectif chère étant à lire dans les deux sens que lui prête Monsieur Larousse, que la différence entre le banquier et son employé est de taille. Sais-tu, par exemple, que le salaire d'embauche de la profession est à peine supérieur au Smic et que ce Smic le rattrape au fil des ans ? Sais-tu que dans ce métier les plans sociaux justifiés par des restructurations, des fusions ou plus récemment la crise des subprimes sont monnaie courante ? Et que ces plans sociaux n'ont pas pour premières victimes les dirigeants de ces Entreprises car si, parfois, certains disparaissent ou sont placardisés, ils n'en sont pas pour autant réduits à faire la manche sur les marchés de Neuilly ou Levallois.

Et ce vieux monsieur que tu trouves émouvant sur la photo. Avec les bras levés, il est enthousiaste mais sûrement pas émouvant. Sinon ce serait réduire l'émotion à la présence d'un individu un peu plus âgé que les autres dans un groupe de manifestants. Les bras levés évoquent pourtant plus un De Gaulle en grande forme ou un candidat en campagne pour la Présidence de la République que sœur Térésa. Contrairement à ce que tu sembles croire, il n'existe pas de tradition de protestation populaire dont il conviendrait de maintenir la pérennité. Dans l'histoire de tous les peuples, les manifestations ne sont pas le fruit de la tradition mais celui de la nécessité devant la surdité de leurs dirigeants. Plus ils sont sourds plus les manifestations enflent. Parfois jusqu'à l'explosion. Le peuple est, dans son histoire, un modèle de sagesse : chacun n'y aspire qu'à vivre en paix sans courir après les honneurs ou la gloire.

Peut-être faudrait-il rappeler cette règle de bon sens aux petits malins avec ou sans talonnettes qui restent stupidement persuadés que l'humanité ne peut fonctionner sans course à l'échalote ? Chiche.

$$$

Août 2008 : Depuis le temps que je parle des challenges et de la course à la production, il était bien temps que je fasse un classement de leurs géniaux initiateurs. Au total 61 règlements de challenges m'ont été adressés par des collègues. D'aucuns étaient tellement sophistiqués qu'il en devenait impossible de citer leurs auteurs car les explications de leurs mérites auraient nécessité un roman. Mon appartenance à un établissement particulier me rend susceptible de partialité, mais j'ai fait le maximum pour rester neutre et mon Directeur n'a pas obtenu plus de citations que ses congénères.

À Frédéric Oudéa, Directeur Général,

BIENVENUE AU ROYAUME DU CHALLENGE

Monsieur le Directeur Général et cher collègue,

Je suis désolé du retard que j'ai apporté à vous souhaiter la bienvenue. Mais le changement d'interlocuteur — qui m'a été imposé par des circonstances douloureuses pour nos porte-monnaie — m'a complètement désorienté. Nous en étions avec les collègues à rédiger les statuts d'une association que nous avions baptisée CGP pour la première place du Président sur le podium : « Comité des Groupies du Président ». Maintenant, plus personne ne veut adhérer, même pas les CéGéPistes en titre. Entre nous et pour la petite histoire, ils étaient les seuls à ne pas venir à vélo. Il paraît que les pinces à vélo, ça fait pas très sérieux quand ils croisent leurs clients, les patrimoniaux. Vous savez bien, les patrimoniaux, ceux qui ont beaucoup de biens au soleil parce qu'ils ont fait prospérer leur argent à l'ombre. Vous en connaissez sûrement, mais vous ne savez peut-être pas qu'ils sont patrimoniaux. Forcément, à être dans l'ombre…

Trêve de digression : je voulais tout particulièrement vous remercier pour l'adresse du dernier message, le « cher collègue ». Après dix ans de « cher collaborateur », formule apéritive employée par le toujours Président et dosée à un volume de condescendance et cinq volumes de mépris, ou l'inverse peut-être, le « cher collègue » ne peut laisser indifférent. Forcément. Et au fond cela se révèle plus stimulant que la pluie de messages imbéciles d'appel à la solidarité dont nous avons été abreuvés.

Mais, reconnaissons-le, les vrais battants, ceux qui rédigeaient les messages de solidarité précités, ont su oublier rapidement les moments douloureux pour retrouver les bons réflexes, ceux qui font, selon eux, de *Société Générale* une Entreprise au tempérament de vainqueur. Quelques-unes de mes lecteurs me l'ont rapporté. Mieux : ils m'ont envoyé quelques exemples concrets sous forme de challenges et de leurs règlements. C'est pourquoi les copains et moi, contraints d'abandonner le projet CGP, avons décidé de le remplacer par un jury chargé de désigner les meilleurs initiateurs de challenge. Car enfin c'est injuste que ne soient pas récompensés tous ces talents méconnus. Bien sûr, ces initiatives font l'impasse sur le code de conduite, celui où il est dit que « le groupe et ses collaborateurs se conforment partout aux lois et réglementations applicables. » Mais laisser entraver sa carrière par des codes de conduite, des codes de la Sécurité Sociale, des engagements pris par la Direction Générale, ce serait ôter toute valeur à cet esprit d'initiative qui fait la gloire de nos Directeurs, tout comme il a fait la soudaine notoriété de Jérôme.

Forts de ces principes, nous avons élaboré le règlement de notre challenge des challenges :

« Article 1 – Participants : Tous les Directeurs Commerciaux, Directeurs de DEC, DCPP et RCL participent obligatoirement au présent challenge.

Article 2 – Durée : Le présent challenge est ouvert sans limitation de durée.

Article 3 – Classement : Le classement est fait arbitrairement par le jury qui distribue les récompenses de façon totalement discrétionnaire.

Article 4 – Récompenses : Les plus méritants recevront le titre de « docteur ès challenges ». Ce titre pourra être assorti des mentions « Honorable », « Très honorable » « Félicitations du jury ».

Article 5 : Gaston DESCHANEL, président du jury, traitera tous les litiges éventuels qui pourraient apparaître durant ce challenge. »

Ce règlement a été adopté à l'unanimité des membres du jury, qui a ensuite procédé à l'examen des premiers règlements. À l'issue de cet examen, ont été désignés « docteurs ès challenges » :

– Pour leur contribution à l'emploi :

Jean Luc D..., Directeur Commercial de L...

Commentaires du Jury : Alors que ses homologues se contentaient de reproduire et diffuser à l'identique le règlement en deux pages concernant le challenge national cartes, a jugé nécessaire de donner au texte une présentation différente en quatorze pages, contribuant ainsi à l'occupation d'un salarié à la *SG*, et en amont à l'emploi dans les papeteries et scieries.

– Pour le volume de production :

- Au titre des délégations régionales :

  Denis A., DR de L... : 7 challenges

  Robert M., DR de S... : 4 challenges

- Au titre des DEC :

  Philippe R. Directeur de la DEC de G... : 7 challenges

  Jean Paul C. Directeur de la DEC d'A... : 4 challenges

Commentaires du Jury : La mention « Honorable » est attribuée à Jean-Paul C…, ancien directeur commercial de la DR de S… pour la remarquable transmission de ses compétences à son successeur cité ci-dessus et la continuité de son action dans ses nouvelles fonctions.

– Pour la simplicité des règlements :

Serge F. directeur de la DEC de S…

Commentaires du Jury : Soucieux d'éviter toute perte de temps à ses commerciaux, a su mettre au point des règlements de challenge à lecture rapide : six articles représentant (mis bout à bout) un maximum de quinze lignes.

– Pour la générosité

Nouvelle citation pour Philippe R., Directeur de la DEC G… dont les 7 challenges représentent plus de 30 000 €.

Marc W. Directeur de la DEC de L…, dont le challenge IOCP peut atteindre un maximum de 54 400 €. Dans les circonstances actuelles, le jury lui suggère l'ajout d'une prime spéciale pour les sinistrés de Hautmont.

– Pour l'inutilité

Dominique C., RCL de l'UC « CA » DEC de S…

Commentaires du Jury : a brillamment repris à son compte le modèle de règlement en six articles de son Directeur de DEC. A su organiser un challenge détaché de toute production puisque portant sur le nombre de RDV pris. A obtenu les « Félicitations du jury » pour sa discrétion en organisant le challenge au nom d'une UC, inconnue des annuaires *SG* car autrement dénommée.

– Mentions spéciales à

Jean-Luc D., Directeur Commercial de la DR de L…

Robert M., DR de S…

Dominique C., RCL de l'UC « CA »

Alexandre M., Directeur de la DEC de B…

Guy J., Directeur de la DEC de C…

Denis A., Directeur Commercial de la DR d'U…

Jean-Paul C., Directeur de la DEC d'A…

Christian G., Directeur de la DEC de T…

Commentaires du Jury : Ont eu à cœur de créer une motivation supplémentaire pour les salariés sans passer par des méthodes ringardes telles que la revalorisation des salaires ou l'attribution de commissions soumises à charges sociales qui ne peuvent que conduire l'Entreprise à la ruine. Précurseurs de formes modernes de rémunération dont seuls les esprits chagrins pensent qu'elles rappellent le XIXe siècle, ils vous attribuent 50 centimes pour une carte « So Music », 2 € pour un Messalia, 3 € pour un rendez-vous, 15 € pour un compte jeunes BFM.

Vous le voyez, Monsieur le Directeur Général, notre Entreprise a la chance d'être pilotée par des gens modernes. Enfin au sens que d'aucuns cherchent à donner au mot moderne en réduisant l'intérêt général à la somme des intérêts particuliers. Quand la distribution de chèques cadeaux sera devenue l'élément essentiel de la rémunération, il faudra songer à négocier des marges arrière avec *Darty* ou *Connexion*. Cela nous fera des commissions.

Je vous prie d'agréer, Monsieur le Directeur Général, l'expression de mes sentiments respectueux et dévoués,

Gaston Deschanel

Challenge des Challenges :
1er Prix : 5.000 EUR en pièces de 1 EUR

$$$

Septembre 2008 : Cest la grande saison du Livret A. Le racolage se fait dans tous les sens et par tous les moyens. L'appel à la solidarité avec l'Entreprise, leitmotiv éculé de dirigeants craintifs pour leur situation et leur carrière, comme nous l'avons connu lors de l'OPA BNP *de 1999 et plus récemment lors de l'épisode Jérôme revient en force. C'est tout à fait intentionnellement que je parle d'épisode Kerviel ou des facéties de Jérôme plutôt que de l'affaire. La notion d'affaire présuppose une volonté de nuire ou de s'enrichir malhonnêtement qui n'est en rien démontrée. Par contre, l'appel à taper les parents, les proches, les connaissances rappelle les méthodes de certaines entreprises dont les commerciaux n'ont d'existence et de revenus qu'en vendant à leurs proches. Vous n'avez jamais assisté à une réunion de recrutement du « Groupement », peut-être. Moi si... Bien sûr, nous ne sommes pas à la vente pyramidale mais c'est ainsi que le procédé commence et la philosophie est identique car le Groupement vous demandait de créer votre clientèle parmi les parents, les amis, les voisins, les collègues, en bref les proches. Et accepter de vendre des produits de la banque à ses parents ou ses amis, c'est inconsciemment prendre à son compte personnel la responsabilité qui est normalement celle de la banque. En cas de problèmes sur un produit bancaire que vous avez vendu à un proche, c'est à vous et non à la banque que le proche demandera des comptes. C'est la mise en application de la technique marketing du parrainage mais la prime, le cadeau, c'est la pression de l'employeur. Qui peut garantir qu'il n'y aura aucun suivi salarié par salarié des ventes effectuées ? Personne. Qui peut garantir que l'employeur ne prendra pas en compte les résultats obtenus dans ces opérations contestables sur la promotion ou l'augmentation de ses salariés ? Personne. Pourtant cette pression inadmissible qui mélange abusivement vie professionnelle et vie privée continue allègrement (j'en ai d'autres exemples), car seul doit compter l'intérêt de l'Entreprise, de ses actionnaires et de ses dirigeants. La « création de valeur », il n'y a que cela de vrai. Puisqu'on vous le dit.*

<u>De :</u> X Directeur de la DEC
<u>Envoyé :</u> Jeudi 11 septembre 2008 10:32
<u>Objet :</u> Livret A

Comme vous le savez, *SOCIÉTÉ GÉNÉRALE* va prochainement pouvoir faire souscrire le LIVRET A.

Comme vous le savez, *SOCIÉTÉ GÉNÉRALE* souffre de la crise de liquidité des marchés... et cherche donc à améliorer ses ressources liquides (dépôts à vue, ERS, CAT, etc.).

Nous sommes donc TOUTES et TOUS concernés par le bon démarrage de ce nouveau produit et par les nombreux Livrets A qui seront souscrits dans notre DEC.

Comme vous le savez, les clients, comme nous agents *Société Générale*, sont nombreux à détenir un livret A.

À conditions égales, il paraît donc souhaitable de leur proposer le regroupement de leurs dépôts et le transfert vers notre Établissement.

Je vous remercie également de l'envisager à titre personnel, famille, enfants, voire petits-enfants et pourquoi pas dans votre cercle amical et relationnel.

Comme vous le verrez sur le document joint, la phase de présouscription va débuter le 8 octobre. Vous pouvez d'ores et déjà vous rapprocher d'un conseiller de clientèle pour marquer votre intérêt.

<u>De :</u> Gaston Deschanel
<u>Objet :</u> Re : Livret A

Je n'ai pas de livret A pas plus d'ailleurs que mon épouse ou mes enfants.

Si je devais en ouvrir un, ou le conseiller, ce ne pourrait être qu'à la Poste dont l'exercice des missions de service public exige des moyens.

Car enfin, aujourd'hui, c'est le facteur qui amène à ma mère, âgée de 85 ans et vivant seule en milieu rural, l'argent liquide dont elle a besoin et qui provient de son livret A. C'est aussi lui qui rebranche la bonbonne de gaz. Il est la seule personne dont je sois sûr qu'il s'arrêtera quotidiennement échanger quelques mots.

Demain, quand la Poste devra faire des économies pour réduire ses coûts car une partie des activités rentables dont le fameux livret A aura été transférée à la concurrence, ma vieille maman prendra ses béquilles pour aller au bureau postal (s'il existe encore dans le village) pour ses retraits d'argent. S'il n'existe plus, elle appellera un taxi pour aller au chef-lieu de canton à 10 km. Elle prendra aussi ses béquilles pour aller retirer son courrier dans sa boîte à lettres au bout de la rue puisque la boîte à lettres aura été regroupée avec celle des autres habitants du quartier, les nécessités d'économie ayant conduit à supprimer des postes de préposé.

On ne peut tout ramener à la sphère marchande, sauf à faire le choix de continuer à déstructurer nos sociétés déjà bien malades.

Je me sens plus concerné par le quotidien de ma vieille maman que par l'intérêt apparent de la *Société Générale*. Je suis conscient de l'égoïsme de mon raisonnement mais n'en changerai pas.

Avec mes regrets,

Gaston Deschanel

PS : La réponse de Gaston a été adressée à tous les salariés de la DEC, comme le message d'origine du Directeur. Lequel Directeur s'est empressé de convoquer Gaston pour usage abusif de la messagerie donc menace de sanction à la clé. Il eût fallu que la réponse lui soit adressée à lui seul. Curieux raisonnement ! Seul l'esprit tordu d'un Gaston avait pu imaginer que cet homme utilisait son pouvoir hiérarchique vis-à-vis de ses subordonnés pour les amener à l'ouverture et à la vente de livret. Pourtant, la méthode est récurrente. L'histoire ne dit pas comment seront traités les non-souscripteurs et non-apporteurs des comptes familiaux.

$$$

Octobre 2008 : Les efforts de mon modeste Directeur pour récupérer le fond des porte-monnaie de ses salariés et de leur famille, les tirelires des enfants et petits-enfants, sans compter les apports du cercle familial et relationnel n'y auront pas suffi. Il va falloir frapper à la porte du guichet « État ». Il flotte un étrange parfum d'imposture : la crise serait une crise de liquidités. Si vous le dites…

La messe est dite. Oublieux de leur superbe, voilà que nos chers (au sens pécuniaire du terme) banquiers n'ont eu d'autre choix que se présenter au guichet gouvernemental pour obtenir des fonds : une dizaine de milliards pour six établissements représentant de fait, par le jeu des filiales et participations, la quasi-totalité du paysage bancaire français.

Notre ministre de l'Économie s'empresse de préciser qu'elle a demandé en contrepartie aux banques des engagements de nature éthique et économique, les engagements éthiques portant sur la rémunération des dirigeants.

Voilà qui est rassurant pour le bon peuple. Promis, juré, craché, c'est fini. On remet à plat voire on abandonne les parachutes dorés, les bonus, les stocks options et tutti quanti. En ouvrant sa *Voix du Nord*, son *Parisien* ou son *Dauphiné*, l'ouvrier survivant des délocalisations (appelées en langage de chef « modernisation » ou « rationalisation » hélas nécessaire), aura l'impression qu'un peu de morale vient de pénétrer dans le système.

Grave erreur : ces nouvelles règles morales n'ont vocation à s'appliquer qu'à l'avenir. Il est uniquement demandé aux dirigeants des banques d'abandonner, et ce seulement tant que la Puissance Publique est bailleur de fonds, la logique du comportement rationnel qui veut que l'on se serve abondamment et en priorité dans le bien commun puisque ne pas le faire serait laisser ce bien aux autres.

L'exemple classique bien connu est celui du pâturage collectif : puisqu'il est gratuit et partagé, le comportement rationnel consiste pour un individu à augmenter le troupeau qu'il y envoie paître. D'autres désireux de s'enrichir suivent l'exemple. L'inévitable survient alors quand l'herbe ne repousse plus. Les troupeaux ne peuvent que se réduire fortement ou disparaître. Les hommes aussi par voie de conséquence…

Le comportement rationnel, à l'œuvre depuis belle lurette dans notre profession, accentué depuis les privatisations, a profondément modifié les échelles des rémunérations en vigueur. Qu'on en juge à l'exemple des « trois vieilles » banques :

Hiérarchie des rémunérations :			
Rapport entre la moyenne des rémunérations des 10 % de salariés touchant les rémunérations les plus élevées et celles correspondant aux 10 % de salariés touchant les rémunérations les moins élevées.			
	BNP	LCL	SG
1998	3,7	2,72	4,3
2007	6,7	3,16	8,3
Rapport 2007-1998	**1,81**	**1.16**	**1,93**

C'est donc un quasi-doublement de l'échelle des rémunérations que nous devons constater, doublement intervenu en 9 ans seulement. La *SG* est en tête du palmarès de creusement des inégalités. Normal. Depuis le temps qu'elle dit recruter les meilleurs, cela lui coûte cher ! Quant aux résultats…

Qui aujourd'hui parmi les dirigeants de nos Entreprises est prêt à reconnaître que les grilles de rémunération auxquelles nous sommes arrivées sont le résultat véreux des politiques commerciales pratiquées ?

Aucun puisque ce serait reconnaître leurs incompétence et inconséquence, un comportement général de moutons de Panurge.

Qui aujourd'hui parmi les dirigeants de nos Entreprises est prêt à remettre en cause ces grilles, parce que les éléments qui en sont à l'origine, qui leur ont servi de justification, se sont révélés totalement infondés pour ne pas dire fumeux ?

Aucun, si l'on en croit les propositions faites dans les négociations salariales d'Entreprise, le seul langage connu étant celui de la nécessaire rigueur qui est, elle, obligatoirement collective.

Mais comment, pour la haute hiérarchie expliquer à un Directeur d'agence, de groupe d'Agences (pour ne prendre que deux exemples dans les réseaux) que les individus qui exerçaient hier les mêmes fonctions qu'eux avaient une rémunération 40 ou 50 % inférieures ? Comment leur expliquer que la progression fulgurante de leur carrière n'est pas due à leurs seuls mérites, comme il leur fut ressassé des années durant, mais à l'éclosion d'une bulle spéculative ? Comment leur expliquer que les efforts qu'ils ont déployés pour contenir les frais généraux en limitant les hausses de salaires des individus sous leurs ordres a contribué à la création de la famille des salariés pauvres et à la déstabilisation générale de nos sociétés ?

C'est bien là que se situe le cœur du problème. La notion de rigueur appliquée à l'ensemble du personnel d'une Entreprise a son explication simple : moins de résultats = moins de salaires distribués. Celle de rigueur différenciée passant par une réduction des échelles de salaire sort de la simple explication arithmétique et remet en cause des hiérarchies sociales créées de façon totalement artificielle.

Tocqueville, référence habituelle des libéraux et en particulier de notre ministre de l'Économie, décrivait ainsi ses contemporains : « Ils consentent volontiers à faire du bien au peuple ; mais ils veulent continuer à le tenir soigneusement à distance. Ils croient que cela suffit ; ils se trompent. Ils se ruineraient ainsi sans réchauffer le cœur de la population qui les environne. Ce n'est pas le sacrifice de leur argent qu'elle leur demande ; c'est celui de leur orgueil. »

VOILÀ BIEN OÙ LE BAT BLESSE.

Gaston Deschanel

$$$

13 octobre 2008 : L'ouverture des négociations salariales à la SG *me conduit à remettre une couche sur l'absurdité et les dangers de notre échelle des rémunérations. L'absurdité est totale puisqu'elle repose sur des pratiques de marché. Les marchés ne connaissent que le court terme alors qu'une Entreprise et par conséquence ses salariés s'inscrivent dans la durée. Mais cette échelle que je vois absurde n'est-elle pas en fait recherchée ? Peut-être, si j'en crois une nouvelle fois Veblen : « La classe de loisir pousse les classes inférieures au conservatisme en leur retirant autant que possible leurs moyens de subsistance, donc en réduisant leur consommation et par là leur énergie disponible au point qu'elles soient incapables de l'effort voulu pour apprendre et adopter de nouvelles façons de penser. L'accumulation des richesses à l'extrémité supérieure de l'échelle sociale implique la privation à l'extrémité inférieure. C'est une vérité suffisamment reconnue que la privation sévère fait gravement obstacle à toute innovation. »*

Deschanel Gaston
Employé *Société Générale*

À Frédéric Oudea, DG

Monsieur le Directeur Général,

Il y a un an, j'avais le plaisir de féliciter notre toujours Président pour sa deuxième place sur le podium des patrons les mieux payés de France. Mais le « drame » de l'« affaire » Kerviel m'a tellement traumatisé que je n'ose plus désormais consulter les classements. Regarder mon écran devient un supplice. Tenez, je viens de lire au détour d'une dépêche que notre malheureux Président en est réduit à utiliser en catastrophe ses stock-options pour payer ses impôts ou rembourser ses emprunts. 348 000 euros de plus value le 2 octobre pour 30 000 titres : 11,60 € par action vendue, 66 € ce jour-là. Quatorze ans de mon salaire net : une misère ! Croyez que je suis triste de l'importance du manque à gagner que nous n'avons pas su éviter à notre cher, toujours plus cher, Président. À ce rythme, sa banque favorite pourrait ne plus être « *Société Générale* » mais la « Banque Alimentaire » quand celle-ci, en plein développement et en recherche de nouveaux clients, acceptera de planter ses tentes au bord des terrains de golf. Sombre perspective.

Heureusement, la lecture du bilan social 2007 m'a réconforté. J'y ai retrouvé toutes ces qualités qui sont la marque indélébile des dix années de l'ère Bouton : favoritisme, inégalité, rémunération au « mérite », le tout emballé dans de lénifiants messages sur les vertus sociales de notre Entreprise.

Petit exemple de ces lénifiants messages : l'honorable bilan social se félicite de l'évolution de la rémunération annuelle moyenne brute, une progression de 5,5 % en 2006, après les 2,6 % de 2005. Avec de pareils chiffres, je me demande comment font les statisticiens pour parler de réduction du pouvoir d'achat dans notre beau pays. Évidemment, il y a des mauvais esprits qui relèveront que ces 8 % sur 2 ans se répartissent en + 1.40 pour les TMB, + 14.80 pour les cadres de la classification, + 11 pour les hors classe, et une inflation à déduire (- 2,70). Il y a là un petit rattrapage en faveur des cadres de la classification mais qui ne modifie pas les tendances à long terme.

Car globalement, l'échelle des valeurs constatée en 2006 a été respectée et amplifiée en 2007. De moins en moins payés, les salariés du bas de l'échelle ont poursuivi leurs efforts pour la reconnaissance du mérite de leurs dirigeants ou plus simplement de leur hiérarchie proche. Ainsi de 1999 à 2007, les TMB des niveaux D/E ont perdu 10,8 % de pouvoir d'achat, ceux des niveaux F/G 8,20 %, les cadres H/I 7,1 %. Vainqueurs avec respectivement + 13 % et + 30 % les cadres J/K et les hors classe.

Dans cette course des salariés modestes pour propulser une hiérarchie inconsciente et imbécile à des niveaux immérités, une palme particulière doit être apportée à l'ensemble de nos collègues du « Centre Titres » de Nantes. Là-bas, sur la période précitée, le pouvoir d'achat moyen a chuté de 6,10 % quand celui de la *SGPM* augmentait de 6,50 %. Les statisticiens de la DRH m'expliqueront sans doute que c'est la conséquence inévitable d'un formidable rajeunissement de population. Raté : l'ancienneté moyenne est restée identique sur la période. Ils m'expliqueront alors que cette situation est la conséquence d'une mobilité géographique inférieure à 2 % de l'effectif. Là hélas, ils auront raison car à la *Société Générale*, hors mobilité géographique, point de salut salarial.

Que de brillantes carrières se sont ainsi déroulées sous le signe zodiacal de la mobilité ascendant « statistiques de production ». Plus les statistiques de ventes de produits financiers étaient brillantes, plus la carrière suivait. Cette vente de vent se traduit aujourd'hui par une catastrophe généralisée. Mais elle laisse dans notre bilan dit social une hiérarchie des rémunérations passée d'une échelle de 1 à 3,2 en 1987 à une échelle aujourd'hui de 1 à 8,2 soit une multiplication par 2, 5 en 20 ans.

Aujourd'hui politiques, économistes, dirigeants se trouvent apparemment tous d'accord pour mettre fin à ces errements. Aujourd'hui, incroyable ironie de l'histoire, le prix Nobel d'économie est attribué à Paul Krugman. Depuis sa création il ne savait pourtant guère récompenser d'autres individus que des émules de Milton Friedman (lui-même prix Nobel en 1976 puis conseiller de Reagan) dont les théories ont si brillamment contribué à la situation actuelle. Friedman qui affirmait, paraphrasant Clémenceau, que « La monnaie [était] une chose trop importante pour la confier aux banquiers centraux » a dû se retourner dans sa tombe.

Alors, Monsieur le Directeur Général et cher collègue, je m'interroge. Un Président qui, lors de son arrivée, pronostiquait une seule voie de développement possible, la Banque de Financement et d'Investissement, est toujours présent. Un directeur de réseau qui pronostiquait un CAC 40 à 6 000 ou 7 000 points pour justifier la vente forcenée de produits financiers est toujours présent. D'autres dont les mérites essentiels à savoir être recrutés au bon moment ou sortir de la bonne formation sont eux aussi toujours présents. Mais le premier barreau de l'échelle qu'ils ont étirée puis gravie commence à s'user. Trop de semelles s'y sont essuyées…

Le retour de l'économie réelle s'apparente dans notre métier à la revanche des obscurs et des sans-grade, ceux qui ont contribué jour après jour modestement mais sûrement aux résultats modestes mais sûrs de la banque de détail. Après le dégonflement de la bulle financière, il serait bon de s'attaquer aux enflures de notre système de rémunérations. Un éminent éditorialiste vient de rappeler que seule la riposte sociale peut combattre les dérives du système libéral, et il me semble bien que nous dérivons.

Il y aura bien quelques « économistes » pour vous dire que le moment ne peut être en termes salariaux que celui de la rigueur. Mais la rigueur n'est pas l'austérité. Concevons-la comme le début du retour à une échelle plus modeste des rémunérations. Je ne doute pas que c'est en ce sens que vous aborderez demain les négociations salariales dans notre groupe.

Recevez, Monsieur le Directeur Général, l'expression de mes sentiments respectueux et dévoués.

Gaston Deschanel

PS : pour boucler mes fins de mois, j'ai arrêté de fumer, d'où un poids en hausse de 9 %. Si mon salaire pouvait augmenter d'autant, ce serait parfait. Et je ne recommencerai pas à fumer, c'est promis. Car recommencer ce serait reprendre les pauses qui nuisent à mon temps de travail. La fin du tabac, c'est mon « travailler plus ». Pour gagner plus ?

$$$

Novembre 2008 : Ah, Deauville ! Son hôtel Royal ! Ce lieu merveilleux réunit chaque année la Convention Annuelle des Cadres de Direction (et accessoirement comme le raconte Jérôme dans ses Mémoires des week-ends collectifs de traders), que l'on appelle en interne « les journées des Directeurs ». Dans les deux cas, il faut y voir l'expression de l'esprit d'équipe pour souder les individus autour de valeurs communes. Excusez-moi, je rigole ! Mais les choses ont beaucoup changé depuis la Convention de novembre 2007. D'abord en janvier la surprise Jérôme puis les conséquences attendues des subprimes sont passés par là. En parlant de subprimes, de combien était le goodwill *payé pour l'achat de TCW, notre filiale américaine rachetée à l'honorable Robert Day, l'un des plus grands financeurs des campagnes de Bush. Les subprimes, c'est un trou de 2 milliards. Il résulte de tout cela une crise de liquidités due à la méfiance partagée (et réciproquement) entre chers voire très chers confrères, suivant l'appréciation souveraine des agences de notation, ce qui conduit à emprunter à l'État, éternel prédateur du génie bancaire. Bien entendu, si rien ne va plus, c'est aussi parce que sur le terrain, il n'en est pas fait assez. Il est temps de redescendre le message à ces inconscients de la base. La réunion des Directeurs va servir de modèle pour des Conventions Régionales, des Conventions locales, des Conventions des lignes métiers, etc. La semaine type d'une Direction d'Exploitation Commerciale (DEC) va désormais compter, outre la réunion du Comité de Direction, une réunion des Responsables de l'animation marchés (RAM), une autre des Responsables Clients Locaux (RCL). À un rythme un peu moins soutenu, des réunions des Responsables d'Agence (RA), des Adjoints aux responsables d'Agence (ARA), des chargés d'accueil, des Conseillers de Clientèle, des Conseillers en Gestion de Patrimoine (CGPistes). Réunions d'où il ne sort rien d'autre que le rappel et la reprise de méthodes de marketing éculées, les applaudissements à la demande du gentil organisateur pour le meilleur vendeur de la semaine. Déjà du* Lean Management. *Bref, la politique de l'offre qualifiée d'« économie vaudou » par les analystes les plus lucides continue. Comme si rien ne s'était passé…*

À Didier Alix, directeur de la branche « Particuliers et Entreprises »

Salut mon Didi,

Mais que se passe-t-il ? Il m'a été rapporté que tu avais fait preuve de méchante humeur aux traditionnelles réunions des directeurs à Deauville. Comprends ma surprise. J'ai en mémoire l'image d'un homme affable, décontracté, d'un abord toujours agréable et voilà qu'il m'est fait un descriptif effrayant. Je ne connaîtrais, paraît-il, que le docteur Jekyll alors que le mister Hyde qui sommeille en toi effraie tous ces braves gens.

Tout à fait confidentiellement, ce n'était peut-être pas une bonne idée d'organiser une réunion de chevaux de retour au même moment que les ventes de yearlings d'octobre. D'un côté, la fougue, la jeunesse, de l'autre l'immobilisme et les certitudes, meurtriers en puissance de l'enthousiasme. Qu'ils reçoivent une avoinée pour insuffisance de résultats, passe encore. Mais qu'ensuite ce soit nous qui devions payer les pots cassés, c'est à ruer des quatre fers.

Car, dès leur retour, les âneries sont reparties soit émanant d'eux soit de leurs collaborateurs proches qui ont, bien sûr, été tancés : messages sur l'insuffisance de vente de livrets A, tarte à la crème de la rémunération variable. Tu connais le discours puisque tu tiens le même : « Si pas résultats, pas bonus, na ! », ce qui devient « Si pas résultats, pas part variable, na ! » Parlons en un peu de celle-là. J'ai consulté (mu par une curiosité malsaine sans doute dirait le directeur adjoint du réseau) les statistiques 2008. Elles ont confirmé mon point de vue : ce n'est pas la curiosité qui est malsaine mais l'injustice de la distribution. Un conseiller de clientèle perçoit quelques centaines d'euros (750 € médiane niveau E) pour ses performances, ceux qui leur envoient des messages sur le caractère inacceptable des résultats obtenus une dizaine de milliers (10 773 € médiane des niveaux K). Comme l'écrivait il y a quelques années l'un des chevaux de retour deauvillais (qui sévit toujours, hélas) : « Vous constaterez que la DEC se distingue par des performances **inacceptables** QUE JE N'ARRIVE PAS A EXPLIQUER COMPTE TENU DES MULTIPLES MESSAGES DE RELANCE FAITS AUPRÈS DES CGPISTES ET DES RESPONSABLES D'AGENCES… » ou un autre plus récemment « **Stupéfaction ce matin à la lecture de pilotage : 57 livrets A sur 2 jours pour l'UC quand l'objectif minimum à réaliser est de 61 par jour. Je vous demande à tous de vous mobiliser sur cette action, je ne peux accepter un tel retard cette semaine. Merci de traiter d'urgence les opportunités encore en stock.** »

Voilà du langage moderne :1 CLIENT = 1 OPPORTUNITÉ EN STOCK.

Pour le troupeau de rossinantes, le message engendre le résultat et les exonère de toute responsabilité en cas d'échec. Navrant mais *beati pauperes spiritu*, n'est-il pas ?

Je ne peux pas dans ces conditions résister à la tentation de te communiquer ce que pensent les salariés de l'Entreprise, enfin ceux qui peuvent l'écrire parce qu'ils ont retrouvé la liberté par la démission, les autres étant réduits au silence par les difficultés de fins de mois soigneusement entretenues par leurs hiérarchies.

Voilà un exemple de ce qui s'écrit :

« Embauchée le 1er août 2007 sur l'agence de…, j'ai signé pour un poste de Conseiller de Clientèle. Mais il se trouve qu'en réalité mon temps est partagé avec le guichet, tout comme un autre collègue. Dès lors, je dois tenir mes objectifs, définis en début d'année pour un poste conseiller avec un portefeuille de 1 479 clients, réaliser la gestion des débiteurs avec un grand nombre de dossiers de contentieux. De plus, je suis binôme avec une conseillère bonne gamme. À chaque remplacement caisse, et lors des congés de mon binôme, je dois assurer le suivi de son portefeuille, du mien, et gérer la caisse tout en étant productive. Cela s'est passé sans essuyer de réclamation clientèle jusqu'à présent. Même pire, lorsqu'en juin, j'étais seule au guichet pendant plus d'une semaine (binôme et chargé d'accueil en vacances + maladie) soit 2 portefeuilles et le guichet. J'allais réaliser un mois de caisse à la suite du manque de guichetiers.

Ensuite, je ne suis pas en accord avec la gestion managériale de la DEC. Nous ne sommes pas des « ânes » avançant à la carotte (que nous n'avons jamais, ou que de façon arbitraire). Afin qu'une équipe fonctionne bien, il faut que chacun des membres s'y sente impliqué y compris la hiérarchie. Nous sommes tous dans le même bateau et nous avons tous un rôle pour qu'il avance. L'IMP (Indice MultiProduits) est l'affaire de tous. « Diviser pour mieux régner » ça ne marche pas. Heureusement que les conseillers de… s'entendent bien. Nous restons soudés face à la pression de la hiérarchie qui elle-même en reçoit de plus haut… Le manque d'animation au sein de l'agence et le fort nombre de messages que nous recevons n'encourage pas l'équipe à donner de son mieux. Lire qu'il faut « cravacher » n'est jamais très agréable. Surtout pour une rémunération aussi faible. On nous en demande toujours plus, avec toujours moins de reconnaissance : disparition des commissions, part variable arbitraire… Et tous les challenges en même temps ! L'intérêt pour le client devient inexistant. »

Ce n'est même pas méchant, tout juste désabusé. Mais désabusé c'est déjà trop. Alors l'autocensure se met en marche. Les magnifiques questionnaires qui ont pour objectif de remonter en haut lieu les motifs qui ont conduit tel ou tel à démissionner ne pourront jamais troubler ton sommeil. De crainte qu'ils ne soient souillés par les larmes de désespoir de ceux qui quittent la grande famille, de bonnes âmes se chargent de tenir le stylo pour poser les bonnes croix aux bons endroits et éviter que ne soient remplies les cases commentaires. Comme pour les suicides, les motifs de départ resteront, c'est bien le moins, le plus loin possible de l'Entreprise.

C'est bien là l'important : éviter ce qui fâche et continuer dans la quiétude des années glorieuses qui ont fait l'aisance de quelques-uns sur le lit du difficile quotidien des autres. Car que faire d'autre ?

Remettre en cause nos produits ? Que nenni, dit le Président, car ils sont bons ! Comme la gamme de *Général Motors* peut-être. Mais la question posée par le client n'est plus celle de la qualité du produit mesurée à l'aune du rendement attendu des marchés mais celles de la sécurité et de la simplicité de son placement. Pour continuer le parallèle avec le marché de l'automobile, ce ne sont plus les options intégrées dans le prix de base qui attirent mais au contraire leur absence.

Remettre en cause nos méthodes de production ? Nous n'en prenons pas le chemin : tous les clients, même débiteurs structurels doivent être passés au crible de CAP ÉPARGNE : c'est une exigence réglementaire selon certains des chevaux de retour. Ah bon, Delmas-Marsalet a bon dos. Comme par enchantement, le conseil pour le client débouche sur du MURANO ou de l'AMAREO à capital garanti. Génial car c'est, dit la pub, « Le placement qui réinvente les maths. » C'est sûr que les maths financières sont aujourd'hui à l'indice de confiance maximum. Le contenu du placement : des OPCVM d'OPCVM (d'OPCVM ?). Voilà du clair et limpide pour le client. Classés AAA+ les OPCVM et les OPCVM d'OPCVM ?

Remettre en cause la segmentation de clientèle ? Ce serait nier la révolution culturelle de « Mass Affluent » et le génie de son concepteur. Un spécialiste des mathématiques financières sans doute. Devrait s'intéresser à la vieille théorie des coûts marginaux et coûts moyens de production en vigueur dans l'industrie cet homme-là plutôt que se cramponner à des projets aujourd'hui dépassés par les événements. Dépassés aussi en raison du massacre des classes moyennes auquel il prétend s'adresser, massacre auquel « *Société Générale* » contribue généreusement par une politique salariale dont j'ai longuement parlé dans de précédents courriers.

Et puisque nous voilà à l'époque d'élaboration de la procédure budgétaire, le moment est idéal pour repenser certains aspects tant commerciaux que salariaux. Tu devrais y songer. Si tu as besoin d'en parler sereinement, nous pouvons mettre à profit un de tes fréquents passages dans ma région. J'inviterai des amis communs si tu le souhaites. Je te promets qu'il n'y aura pas de cheval au menu puisque le cheval te rend de mauvaise humeur.

Je te rappelle mon adresse : *gaston.deschanel@orange.fr*
Je te prie d'agréer, Monsieur le Directeur, mes plus cordiales salutations

Gaston Deschanel

$$$

24 novembre 2008 : Ce texte n'a pas été édité. C'est une réaction d'humeur à des commentaires de presse sur les amendes « infligées » à BNP Paribas *et* Société Générale *pour leur comportement dans la privatisation d'EDF, qu'il faut bien qualifier de vente forcée ou quasi forcée. D'après la presse, juste quelques broutilles. L'ennui, c'est que ces broutilles ont pourri la vie de nombreux commerciaux et clients pendant toute la durée de l'opération. L'ennui, c'est qu'il fallait à ces commerciaux tenir les compteurs pour des relevés quotidiens voire biquotidiens. Certains sont heureux de la montée d'adrénaline que leur procure la participation à cette course. D'autres doivent supporter messages et propos vexatoires qualifiés par leurs auteurs de messages d'encouragement, puisque bien entendu la démarche ne peut être que positive. Selon qu'ils appartiennent à l'une ou l'autre de ces catégories, ils s'affranchiront pour la gloriole ou par la peur des règles de l'AMF. Les pires victimes seront ceux qui auront appliqué les conseils antérieurs : « Je vous remercie également de l'envisager à titre personnel, famille, enfants voire petits enfants et pourquoi pas dans votre cercle amical et relationnel. »*

Notre presse dite nationale est vraiment merveilleuse. Voici ce que publiaient *Le Figaro* et le *Journal des finances* le 7 novembre 2008 :

« La sanction est tombée. Les deux établissements français, *BNP Paribas* et *Société générale* ont été condamnés par l'Autorité des marchés financiers au versement d'une amende de 500 000 euros. Les deux banques n'ont pu fournir les justifications de certains ordres de souscription de titres EDF, lors de son arrivée sur le marché parisien le 21 novembre 2005. Ces manquements constituent le principal grief de l'AMF. »

Libération fait aussi bien : l'AMF reproche notamment à *BNP* des « atteintes portées aux règles de protection des clients », sans plus de précisions, et à la *Société Générale* « de ne pas avoir été en mesure de produire dans certains cas la preuve des ordres de souscription et des instructions de revente des titres. »

Le comble est atteint quand *Le Figaro* et le *Journal des Finances* continuent ainsi leur article : « Cependant, il semble que l'AMF ait tenu compte des circonstances particulières de l'introduction. Elle a souligné le caractère « exceptionnel » de l'opération qui avait intéressé 5 millions de souscripteurs et qui impliquait une mobilisation commerciale elle-même exceptionnelle de la part des établissements chargés du placement. »

S'agissant d'un jugement prononçant une sanction, le « il semble » ne peut évidemment pas être de mise. J'ai donc eu la curiosité de consulter l'intégralité des décisions prises à l'encontre de *BNPP* et *SG*. « Il semble que l'AMF… » est en fait extrait d'un considérant d'explications fournies par *BNPP*. Ce n'est pas l'AMF qui souligne le caractère exceptionnel de l'opération mais BNPP. Ce n'est pas l'AMF qui affirme que l'opération a intéressé 5 millions de souscripteurs mais *BNPP*. D'ailleurs, l'AMF termine ainsi le considérant : « Il y a lieu de relever que le caractère exceptionnel de l'opération appelait la mise en place d'un dispositif de contrôle à la mesure de la mobilisation commerciale. » En clair, c'est bien l'insuffisance des contrôles que pointe du doigt l'AMF. La traduction journalistique devient alors de l'autocensure, peut-être prônée par le ministère de la Santé qui, nous dit-on, a constaté une recrudescence d'urticaire chez les épargnants, ces crises étant provoquées par l'association malencontreuse de termes antinomiques comme « contrôles » et « banques ». Les subprimes sont passées par là.

Lisons donc avec toute la gourmandise qui sied aux circonstances la prose de l'AMF :

« À l'encontre de la *SG* sont relevés cinq manquements d'ordre professionnel relatifs :

1. Au caractère incomplet de la documentation transmise aux conseillers commerciaux **ainsi qu'aux pressions exercées sur leurs collaborateurs pour inciter les clients à souscrire à l'opération** ;
2. **À la souscription à l'opération par des clients vulnérables** ;
3. **À l'absence d'instructions émises par les clients** ;
4. À l'absence de contrôle relatif à la qualité du souscripteur et **à la démultiplication du nombre de certains comptes de la clientèle**, ce qui aurait conduit à une faiblesse du dispositif de contrôle interne ;
5. À une opération « d'aller-retour » réalisée sur le portefeuille d'un client géré sous mandat.

Quatre reproches sont relevés pour *BNPP* :

1. **L'absence de présentation des instructions des clients pour 64 % des souscriptions contrôlées et 70 % des ordres de vente contrôlés** ;
2. **La commercialisation des titres EDF par *BNPP* auprès de ses clients avant que le prospectus ait reçu le visa de l'AMF** ;
3. **Les atteintes portées aux règles de protection des clients et, notamment, par le biais d'un ciblage de clientèle « peu discriminant » (« phoning de masse »), de l'existence de souscriptions décorrélées du patrimoine des clients et de l'incitation aux opérations d'aller-retour rapides dans le document intitulé « Petit mémento EDF à l'attention des nouveaux commerciaux »** ;
4. L'absence de moyens suffisants pour assurer le contrôle des activités exercées par *BNPP*.

Ainsi les atteintes portées aux règles de protection des clients relevées sont très précises contrairement aux résumés qui en ont été faits : souscription par des clients vulnérables, ciblage de clientèle peu discriminant, absence de contrôle pour l'une des banques, absence de moyens de contrôle suffisants pour l'autre. L'absence de justifications de certains ordres de souscription est à traduire par « certains = 64 % ». Quant à l'incitation aux opérations d'aller-retour rapides, elles révèlent à quel point une privatisation n'est dans l'esprit des honorables banquiers qu'une vaste braderie génératrice de commissions conséquentes. Ne vous offusquez pas si j'emploie le terme « honorables » pour parler de ces gens-là. C'est purement littéral : ils sont à mes yeux honorables seulement parce que titulaires de la Légion d'honneur ou de l'ordre du Mérite. Je n'ai pu trouver d'autre motif. Ils sont honorables par convention en quelque sorte.

Les oreilles me sifflent déjà et la vieille rengaine est en route : ces gens ne peuvent en rien être responsables. Seul le souci de bien faire, la volonté d'être le meilleur dans une opération de privatisation a conduit ici ou là des subordonnés zélés à en faire trop. Mais bien entendu, ils seront rappelés à l'ordre comme il se doit et, promis juré craché, de telles choses ne pourront jamais se reproduire. Sauf peut-être par pure charité comme l'une de nos deux commères y fut contrainte si l'on croit les explications fournies à l'AMF concernant la démultiplication de certains ordres. Ainsi, démultiplier un ordre de 5 000 € en 25 de 200 € n'était en rien lié à la volonté d'augmenter le revenu de la banque de 40 à 470 €, mais était le fait de familles nombreuses. Le prix Cognacq-Jay en quelque sorte mais au bénéfice de la finance.

J'arrête là mon mauvais esprit puisque des sanctions sont tombées. Rapportées au volume de titres EDF à placer par les deux banques, cela représente 3 centimes par action donc un maximum de 5 % des commissions perçues.

Mais qu'est devenu le reste ?

– Une broutille a été distribuée directement aux vendeurs.

– Une deuxième broutille a nourri l'intéressement et la participation.

– Une broutille autrement significative est repartie sous forme de dividendes vers les actionnaires.

– La dernière broutille a nourri les indices de performances des dirigeants pour améliorer leur rémunération variable. Et le magnifique succès de l'opération, pour reprendre les termes dithyrambiques en vigueur dans ces circonstances, a nourri les bonus et les stock-options de cadres et de dirigeants créateurs par ego de cette stupide course à l'échalote, inutile au final puisque l'action a été sursouscrite 1,6 fois. Ils ne rembourseront pas l'amende sur leurs bonus et stocks options. Les augmentations de salaires ou les fulgurances de carrière, qui ne sont que la recette d'un impôt sur le stress d'autrui, ne seront pas remises en cause. Certains y auront peut-être même gagné le petit plus qui va justifier une décoration. Mais avec les dégâts que causent tous ces braves gens, la reconnaissance de la Nation doit être totale : ordre national du Mérite pour s'être fait la main au fil des ans et Légion d'honneur (pour les subprimes). Comme il est dit au sommet de l'État, il faut corréler la rémunération des dirigeants aux résultats qu'ils obtiennent.

C'EST BIEN LE MOINS.

Gaston Deschanel

$$$

Décembre 2008 : Le vieux syndicaliste que je suis reste toujours agacé de la question « Mais que font les syndicats ? » qui lui est rituellement posée lorsqu'il y a des négociations et plus particulièrement des négociations salariales. Comme si les syndicats étaient un monde à part, étranger à l'Entreprise. Je reconnais que celui qui pose cette question a choisi de faire du syndicat un monde étranger à son monde. Un monde qu'il veut protecteur et bénéfique donc proche, mais qu'il cherche en même temps et paradoxalement à éloigner, la distance étant indispensable à une garantie de carrière. De ce paradoxe de comportement des salariés, naît le dilemme du syndicaliste.

CRUEL DILEMME

Madame la Directrice,

J'ai lu sur RH ON LINE, mon média préféré, que les négociations salariales étaient terminées. J'ai donc pris connaissance des derniers résultats avec l'œil émerveillé de l'enfant qui découvre son cadeau de Noël. Encore que ce cadeau de Noël n'a rien de certain puisqu'il lui manque l'emballage composé, m'a-t-on dit, par les organisations syndicales qui vont ou non y apposer leur signature.

Cruel dilemme que celui qui leur est posé là.

Examinons-en les éléments.

Tout d'abord le débat concernant 2008 est clos. L'application de l'accord salarial de l'année se traduit par une augmentation de 0,625 % de la Rémunération Annuelle Garantie Brute (RAGB) de décembre 2008 par rapport à décembre 2007.

La prime proposée est de 25 % d'une mensualité de base avec plancher de 550 €, plancher susceptible de concerner un tiers de la population. En l'absence de toute autre augmentation, sur la base de l'inflation connue à ce jour, cela garantit pour 2009 le pouvoir d'achat des salaires égaux ou inférieurs à 20 370 € soit 4 % du personnel. Le plafond de 1 350 euros limite l'échelle de la prime de 1 à 2,5 : c'est un net progrès pour une entreprise qui, on ne le répétera jamais assez, pratique une échelle des rémunérations de 1 à 8,3. Elle était de 1 à 4 il y a 9 ans. Dans l'environnement économique actuel, 550 € en valeur absolue représentent beaucoup et pour ceux qui n'ont eu d'autre augmentation que les 0,625 % de l'accord 2008, une manne quasi inespérée. Cela justifie une signature par défaut même si, chacun en conviendra, le compte n'y est pas.

Le relèvement qui est proposé de la grille des salaires minima est tout autant loin du compte que l'on était en droit d'attendre de l'Entreprise. Un relèvement de 3 % au 01/01/2009 conduit à acter dans nos accords une perte de pouvoir d'achat de 5 à 6,2 % selon les catégories par rapport aux grilles mises en place en janvier 2000. Mais qui se souvient encore que ces textes avaient été conclus aux fins d'améliorer une nouvelle Convention Collective rédigée selon la règle du Plus Petit Commun Multiple et dont les insuffisances restaient criantes.

Au fond, n'avez-vous pas raison quand vous affirmez que ces minima ne concernent quasiment personne ? Leur relèvement ne peut donc avoir qu'une valeur purement théorique.

Donc, signer ou ne pas signer, là est la question ? Signer, c'est assurer un petit quelque chose à tous avec un poil plus à ceux qui n'ont rien ou quasiment rien habituellement. Mais c'est également, hélas, apporter un bout de soutien à une politique salariale profondément inégalitaire.

Ne pas signer, c'est priver tout un chacun de l'aumône proposée au nom de convictions reposant sur une relative égalité sociale qui a fait la force de la société française.

Signer sera mécontenter ceux qui mettent en avant une éthique de conviction. Ne pas signer sera mécontenter ceux qui privilégient une éthique de responsabilité.

Donc, une organisation syndicale qui apposera sa signature fera des mécontents y compris dans ses rangs. Celle qui ne l'apposera pas en fera tout autant, y compris aussi dans ses rangs.

Il n'y aura donc comme seul vainqueur de tout cela que vous-même, vos donneurs d'ordre et vos séides. Vous l'avez d'ailleurs écrit au début du message présentant vos ultimes propositions :

« Dans un contexte économique très difficile où l'ensemble des salariés a été fortement sollicité, la Direction a souhaité reconnaître ces efforts en améliorant sensiblement sa proposition. »

Voilà donc *Société Générale* dans le rôle de l'oie blanche, victime des milieux financiers. Et malgré les handicaps de ce nouveau statut, elle octroie ses largesses à l'ensemble de son personnel. Cependant, la reconnaissance est bien faible eu égard à la responsabilité de la banque dans la création du contexte économique évoqué. Et l'extraordinaire de la situation devient qu'il ne reste aux organisations syndicales que le choix d'arbitrer entre peu ou rien. Qu'elles choisissent l'un ou l'autre, c'est leur responsabilité qui sera engagée vis-à-vis du personnel et pas la vôtre alors pourtant qu'elles n'ont en rien participé au chantier de démolition des valeurs humaines de cette Entreprise.

La négociation annuelle obligatoire sur les salaires est devenue progressivement un traquenard pour les organisations syndicales puisqu'elle ne peut guère faire que des mécontents à leur égard dans tous les cas de figure.

Alors voyez-vous, chère Madame, quel que soit le choix que feront mes camarades, je le respecterai. Je le commenterai peut-être mais en cercle restreint et n'en prendrai nul prétexte de mécontentement vis-à-vis de la cause syndicale. Cela vous ferait trop plaisir. J'invite tous les salariés de l'Entreprise à adopter la même attitude car la question réellement posée, comme à chaque fois, n'est pas celle de la signature mais celle de la valeur des propositions effectuées.

Gaston Deschanel

$$$

Décembre 2008 : La guerre du livret A dont nous avons vu les premières escarmouches fait rage. Le vocabulaire des dirigeants adopte franchement les formules militaires, alors qu'auparavant il se contentait d'y emprunter un peu. Mais je comprends le drame vécu par ces gens-là : leurs rêves de gloire sont réduits par la réduction même des armées qui, technologie oblige, ont de plus en plus besoin de techniciens affûtés. Qu'a-t-on à foutre de généraux vaniteux ? « C'est bien le drame. Au regard de

ses glorieux ancêtres, le parti de la guerre souffre d'un sérieux handicap : l'absence du Boche. Grâce à lui, le fameux « On les aura » pouvait avoir quelque sens. Ce n'est plus le cas tant l'ennemi est aujourd'hui protéiforme... C'est l'entreprise concurrente plus performante que celle qui vous tolère... Pas facile dans ces conditions de faire espérer à la piétaille envoyée à la boucherie une espérance de paix prochaine. C'est si vrai que nos bellicistes convaincus ou résignés s'en gardent bien... À l'aube du troisième millénaire, la perspective est effectivement exaltante. Nul doute qu'elle ne séduise la partie la plus saine de la population. Place aux vaillants, aux costauds, aux battants « téléphones mobilisés ». Dehors, les mous, les improductifs, les loosers... »[1] La preuve !

Paul Jorion écrivait le 10 décembre (sur *Contreinfo*) : « Il existe une disparité essentielle entre démocratie et marchés ; la première constitue une invention humaine, née d'un désir de pacification des relations entre les hommes, les seconds demeurent l'expression spontanée de la manière dont notre espèce réglait ses affaires à l'état sauvage : par la guerre de tous contre tous. »

Olivier Klein, patron de la *Caisse d'Épargne* Rhône Alpes (CERA) vient remarquablement illustrer cette analyse dans un message à son personnel le 28 novembre. En voici quelques extraits particulièrement édifiants :

« C'est...

– de notre volonté indestructible de défendre nos couleurs,

– de notre capacité offensive et de son intensité, en choisissant bien nos terrains,

– comme de notre farouche détermination à gagner,

... que se dessinera notre avenir.

Que vous, nous, cadres de direction, soyons les fers de lance de l'envie de sortir par le haut, de notre volonté de continuer sur les succès déjà rencontrés, du moral de gagnants qui est le nôtre !

« À chacun d'entre nous d'expliquer encore et encore l'urgence, d'entraîner toutes nos forces à combattre sans barguigner, sans modération, à donner envie de ne pas se laisser faire et de se dépasser, en ce moment historique pour les caisses d'épargne : la banalisation du livret A !

---

1. *Ah Dieu ! Que la guerre économique est jolie !* P Labarde et B Maris, *Albin Michel* 1998.

« Que les autres banques constatent, dès demain, que le chemin pavé de roses qu'elles pensent emprunter est en fait un chemin semé d'embûches, et que leur offensive est contrée par la nôtre. Que leurs coûts et leurs pertes soient élevés !

« Utilisons toutes nos forces, déployons tous nos moyens ! Que même ceux de vos équipes qui sont les plus comptables de leur temps et de leur énergie se lancent sans mesquinerie dans la mère de toutes les batailles. Cette guerre-là est décisive. Elle est majeure.

Elle se gagnera par tout ce que nous avons réalisé et construit ensemble depuis plus de 18 mois et par l'engagement total que chacun d'entre nous doit avoir dès demain. »

On croirait le Joffre de septembre 1914, à la veille de la bataille de la Marne :

« Au moment où s'engage une bataille dont dépend le sort du pays, il importe de rappeler à tous que le moment n'est plus de regarder en arrière ; tous les efforts doivent être employés à attaquer et refouler l'ennemi. Une troupe qui ne peut plus avancer devra, coûte que coûte, garder le terrain conquis et se faire tuer sur place, plutôt que de reculer. Dans les circonstances actuelles, aucune défaillance ne peut être tolérée. »

J'imagine que, début 2009, le Klein paraphrasera le Pétain de mars 1916, au début de Verdun :

« Depuis trois semaines, vous subissez le plus formidable assaut que l'ennemi ait encore tenté contre nous…

La lutte n'est pas encore terminée, car il a besoin d'une victoire. Vous saurez la lui arracher…

Vous avez surtout votre indomptable courage et votre foi dans les destinées de la République.

Le Pays a les yeux sur vous…

Courage ! On les aura. »

En d'autres circonstances, le message du Klein pourrait être risible. Mais moi qui ai vécu dans une banque commerciale traditionnelle la période où l'Écureuil commercialisait ses premiers comptes de chèques (j'en ai même ouvert un), je n'ai pas souvenir qu'aient été atteints de tels sommets de bêtise. Qu'un Président de banque, qui plus est à statut coopératif, tienne de tels propos en dit long sur l'état de déliquescence de nos sociétés.

L'homme enseigne à HEC, voilà qui nous promet une inquiétante bardée de disciples.

Et il en rajoute, le bougre. Parlant de l'augmentation des salaires dans les Caisses, le citoyen Klein écrit : « Je vous rappelle que 1 % le premier janvier équivaut à 2 % au premier juillet. » Continuant son raisonnement, je lui conseille d'appliquer les augmentations au 1er décembre. Ainsi, le personnel aura 12 % annuellement. Et lui les félicitations du gouvernement pour une telle trouvaille dans le domaine du pouvoir d'achat.

Gaston Deschanel

$$$

Décembre 2008, encore : Rien de bien nouveau dans ce courrier adressé à Daniel Bouton. Il reprend les idées déjà exprimées sur l'immobilisme criminel de la classe dirigeante. Que leurs conneries les mènent au suicide, soit. Mais qu'ils cherchent à nous y entraîner est insupportable.

À Daniel Bouton, Président

Il est vraiment temps que se termine cette sombre année 2008. Depuis le sinistre mois de janvier, j'ai passé un temps fou à chercher des articles à votre gloire. En vain ! Et voilà que deux organismes internationaux, le BIT et l'OCDE, publient comme des cadeaux de Noël deux magnifiques rapports. Vous n'êtes pas cité ; c'est injuste car à chaque ligne, presque à chaque mot, apparaissent à mes yeux émerveillés les résultats de l'extraordinaire action que vous avez menée.

Ainsi, « *Société Générale* » peut s'enorgueillir, grâce à vous, de n'avoir pas contribué au sinistre constat que fait l'OCDE pour la France : « La France est l'un des cinq pays de l'OCDE où les inégalités de revenus ont baissé durant les vingt dernières années. » Un scandale ! Il y a urgence à changer cela.

Le BIT écrit pour sa part : « Depuis 1995, l'inégalité entre les salaires les plus bas et les plus élevés a augmenté dans plus de deux tiers des pays étudiés, atteignant souvent des niveaux difficilement tenables socialement. Certains des pays qui ont réussi à réduire les inégalités salariales comprennent la France et l'Espagne, ainsi que le Brésil et l'Indonésie. » Et voilà : encore la France mauvaise élève.

Heureusement, votre extraordinaire conscience du rôle international de la banque vous a permis de la maintenir dans le constat général de progrès établi pour les pays de l'OCDE : « Les salaires des personnes qui étaient déjà bien payées ont augmenté. » *Société Générale* a ainsi échappé au cancer social de la réduction des inégalités salariales en France que constate le BIT. Ouf ! D'où cette échelle des salaires passée pendant les dix ans de votre règne de 1 à 3,9 (1997) à 1 à 8,3 (2007) et que nos confrères nous envient : *BNP* n'a lamentablement réussi qu'à atteindre 6,75 et *LCL* 3,20. C'est à l'aune de ces chiffres que je mesure combien nos pauvres collègues de LCL sont lourdement pénalisés socialement par l'externalisation des activités de *BFI* vers *Calyon*. Je me demande ce que deviendrait *Société Générale* si elle se séparait de ses petits génies des mathématiques financières ? Qui plus est, des génies totalement désintéressés.

La preuve en est que certains ont l'an dernier renoncé à leurs bonus : 9 millions d'euros pour Christophe Mianné, disait la presse. Bien sûr beaucoup plus pour Jean-Pierre Mustier. Rendez vous compte, Monsieur le Président : 9 millions représentent (hors intérêts au taux du livret A, gloire du moment) 400 ans de séjour à la maison de retraite Jeanne Calment. Ces fous de la performance ont raison de s'accrocher. Pour peu que la science médicale progresse assez vite pour leur garantir une espérance de vie de 400 ans, il deviendra possible de rebaptiser la maison Jeanne Calment en maison de retraite Jean-Pierre Mustier ou Christophe Mianné. Quelle pub : 1 année de bonus = 400 ans de retraite. Super ! Encore que… de mauvais esprits pourraient mettre en avant la totale inutilité sociale et économique d'activités reposant sur les mathématiques financières, simple dérivé du calcul des probabilités dont font partie les martingales.

Alors que les pisse-froid du MEDEF nous disent dans leurs recommandations que la rémunération des dirigeants de l'entreprise doit être mesurée, équilibrée, équitable et renforcer la solidarité et la motivation à l'intérieur de l'entreprise, vous ne les avez pas écoutés, préférant agir en disciple de Raymond Barre qui aimait à dire que « L'inégalité des revenus est source d'insatisfaction et donc de progrès humain. »

Continuons donc sur la voie que vous avez si brillamment tracée depuis votre arrivée à la Présidence. En dix ans, vous avez réussi à nous ramener un demi-siècle en arrière. Encore vingt ans de votre présence et nous serons au niveau d'inégalités de 1789. Au détail près que le golf a remplacé le jeu de paume, l'insatisfaction sera alors suffisante pour relancer le progrès humain.

Voilà pourquoi les collègues et moi qui n'avons jamais cessé de pédaler depuis l'an dernier, (bien que persuadés désormais que la première place du podium n'est plus possible) avons décidé de lancer une souscription aux fins d'élever une statue à votre gloire. Place de la Bastille ?

Une plaque de marbre sur le socle reprendra vos propos extraits du rapport annuel 2005 : « La création de valeur, dans la durée, pour ses actionnaires, ses clients, ses collaborateurs… est au cœur de la stratégie de la *Société Générale*, mais cet objectif n'a de sens que s'il s'insère dans une politique favorable au développement social et à l'environnement. »

Ainsi, dans vingt ou trente ans, nos quelques descendants survivants ne pourront que constater le décalage entre les mots et les réalités puisque développement social et environnement auront été sacrifiés au profit de la course au pouvoir et à l'argent, les deux allant bien évidemment de pair.

Mais il vous restera la satisfaction, selon la formule de Jared Diamond, de vous être ainsi offert le privilège d'être parmi les derniers à mourir.

JOYEUX NOËL, Monsieur le Président

Gaston Deschanel

$$$

Janvier 2009 : Voilà le pavé des vœux de la Direction Générale :

« Nous venons de tourner la page de 2008 et nous sommes entrés de plain-pied dans une année 2009 qui sera encore troublée, tant la contagion de la crise des marchés à la sphère économique dans son ensemble paraît malheureusement avérée.

Nul ne peut raisonnablement avoir de certitude sur l'acuité et la durée de cette chute de l'activité. L'ampleur des mesures arrêtées dans de nombreux États pourrait toutefois permettre de relancer les économies assez vite.

La responsabilité de l'équipe de direction générale dans cette conjoncture difficile est de veiller à ce que le groupe *Société Générale* dispose à tout moment des ressources, de l'organisation et du fonctionnement appropriés pour traverser ces difficultés en jouant pleinement le rôle attendu d'une grande banque internationale. Nous y veillons en permanence.

Nous ne sommes certes pas immunisés : nos revenus et nos risques sont corrélés à la santé de l'économie et nous souffrons par ailleurs comme les autres de la dégradation de l'image de la profession bancaire dans l'opinion.

Pour autant, gardons un optimisme résolu en dépassant le court terme.

Nous sommes riches à la fois de notre capital humain et de notre capital clients. Notre culture d'entreprise est solide : la démonstration de la force de ces atouts a été brillamment faite en 2008. Notre modèle de banque universelle, multiclientèles, multipays, multimétiers, est le bon et le plus pertinent pour affronter le gros temps.

Une période de crise, c'est aussi l'occasion de progresser. Des recettes de développement éprouvées en haut de cycle méritent réexamen en cas de retournement. La mobilisation de synergies entre nos différents métiers devient encore plus prégnante. Une banque universelle performante doit savoir en effet trouver en permanence les ajustements pour gagner encore en qualité, en efficacité, en sécurité et pour rester parmi les meilleures. La recomposition du secteur bancaire offre également des perspectives que nous saurions saisir en cas d'opportunités attrayantes.

Nous sommes convaincus que nous avons davantage de cartes en main que bien d'autres pour soutenir l'économie en général, en servant mieux encore nos clients et en convainquant ceux qui ne le sont pas de nous faire confiance à leur tour.

En vous remerciant à nouveau pour votre engagement, à l'égal de notre propre détermination, nous vous souhaitons une très belle et heureuse année à vous et vos proches. »

Derrière cela ne se dessine aucune remise en cause. Le modèle est sûr. Pourquoi y changer quoi que ce soit ? À preuve une brillante formule résume le passé à « des recettes de développement éprouvées en haut de cycle. » C'est la fin d'un cycle et le début de la crise qui pénalisent l'Entreprise et non les choix antérieurs de développer la Banque de Financement et d'Investissement, ses produits structurés juteux reposant sur les subprimes, les marchés de matières premières et d'actions. Belle réécriture de l'Histoire, qui méritait une réponse.

Monsieur le Président,
Monsieur le Directeur Général,
Messieurs les Directeurs Généraux Délégués

Merci à tous de vos vœux. Franchement, j'ai été surpris. J'en étais resté à la tradition : les vœux du Président, rien d'autre. Et vous voilà cinq à me les adresser. Comme les doigts de la main. Presque unis ! Je dis presque car il y a eu le pouce d'abord, les autres doigts ensuite. Mais il n'en reste pas moins que ces vœux cumulés peuvent être perçus comme un événement alors qu'ils ne sont rien d'autre qu'une habileté de communication.

Merci d'abord à vous, Monsieur le Président. Pour la première fois, vos vœux auraient pu me toucher. Une modestie de bon aloi dont vous n'étiez pas coutumier est venue se substituer aux habituelles envolées dithyrambiques et déplacées. J'en ai été tout retourné. Vous écrivez que « L'année qui vient de s'achever aura été éprouvante professionnellement, et parfois vraiment pénible. » Pour ce qui me concerne… 2008 aura juste été un tantinet plus pénible que les autres. Alors que pour vous ce fut le drame. Encore que… Vous avez eu la chance d'avoir Jérôme et ses facéties de collégien de début d'année. Vous devriez lui dire merci à ce garçon. C'est vrai, quoi ! Grâce à lui, *Société Générale* a pu lever des capitaux frais avant que les marchés ne s'effondrent. Tout le monde n'a pas eu cette chance. Essayez donc d'y aller aujourd'hui. Même les emprunts d'État se vendent mal. Qu'il semble loin le doux temps où vous pouviez affirmer dans vos vœux (2006) : « Excellente année aussi en termes de reconnaissance par le marché, par les actionnaires et donc par le prix de l'action. » Ah ce prix de l'action, quelle histoire ! Voilà que sur 3 ans, *Société Générale* et sa vieille rivale *BNP* font quasiment jeu égal autour des - 70 %. J'imagine assez bien une traduction mathématique proposée aux épreuves du bac :

L'établissement bancaire A, dirigé par DB, bénéficie de cinq milliards de pertes grâce aux malversations du salarié J, qui estime discriminatoires les modestes bonus et rémunérations (trois ou quatre cent mille euros) qui lui sont attribués. Cette situation conduit A à recapitaliser en catastrophe de 5 milliards d'euros. L'établissement B continue son chemin jusqu'à ce que, quelques mois plus tard, la crise improprement baptisée « financière » frappe les deux établissements et leurs confrères.

A en général et DB en particulier disposaient, au moment où ils vont bénéficier des malversations de J de signaux d'alerte quant à l'état du marché immobilier américain. Il vous est demandé de :

1. Estimer, quand A fait appel au marché, les parts respectives de l'effet d'aubaine permis par J et de la connaissance par DB de la situation américaine dans la décision de faire appel au marché.

2. Estimer les quotes-parts respectives qu'il convient d'attribuer à J et DB dans la perte de valeur du titre.

3. Sachant que l'échelle des rémunérations du 1er au 10e décile est de 1 à 8,3 chez A et de 1 à 6,7 chez B, calculer l'avantage concurrentiel qu'aurait tiré B en recrutant J.

(L'utilisation de la calculette est interdite. Seule l'assistance par un spécialiste des mathématiques financières — J.-P. Mustier par exemple — est autorisée.)

Ou encore cette proposition aux épreuves d'économie :

Commentez cette phrase de Paul Jorion : « Le système de rémunération en vigueur à Wall Street récompense généreusement l'apparence de profit, même si ultérieurement cette apparence se révèle n'être qu'une illusion. » *Société Générale* a-t-elle appliqué un système équivalent ? Si oui, y a-t-elle mis fin et pourquoi ? Si non, pourquoi ?

Vous avez 3 heures par épreuve, Monsieur le Président. Ce qui, convenez-en, s'avère plus confortable que les 7 heures minima d'épreuves quotidiennes subies par les commerciaux entre la pression de la clientèle qui est compréhensible et une pression hiérarchique à la production, qui elle est injustifiable.

Merci à vous également, Monsieur le Directeur Général et Messieurs les Directeurs Généraux Délégués. J'ai trouvé géniale votre photo de groupe accompagnant les vœux. Je me suis dit : ça y est, ils ont bachoté leur texte sur les valeurs. Ben oui, les valeurs ! Celles qui font les manchettes de la presse d'entreprise et auxquelles vous vous référez régulièrement : **professionnalisme, esprit d'équipe, innovation. La photo, c'est pour l'esprit d'équipe évidemment. Pour l'innovation, ne manque-t-il pas une dame ? Pour le professionnalisme, je n'ai aucun doute. Même si nous souffrons comme les autres de la dégradation de l'image de la profession bancaire dans l'opinion, nous faisons déjà nettement mieux que les confrères.**

À preuve, je peux déjà vous dire que règne chez la hiérarchie du réseau cet optimisme résolu dépassant le court terme que vous appelez de vos voeux. Ainsi, alors que nous ne sommes qu'en janvier, je peux déjà citer des Directeurs, DCPP, RCL ou autres qui ont programmé d'atteindre fin février 40 à 100 % de l'objectif annuel. Comme je ne doute pas que d'autres se manifesteront, je vais attendre quelque peu avant de publier un bêtisier. Il sera sans doute nourri. Avec le développement de la population en charge du suivi des résultats et l'état du marché, je prévois l'éclosion de nombreux talents.

À moins que continuant la lecture de vos vœux, cette hiérarchie ne découvre cette autre pensée : « des recettes de développement éprouvées en haut de cycle méritent réexamen en cas de retournement. »

À moins, Monsieur le Directeur Général qu'elle ne médite cette interview que vous avez accordée au magazine *Challenges* au sujet du recrutement à la *SG* : « Nous privilégions la prise d'initiatives et la capacité de remettre en cause des modes de fonctionnement préétablis, les candidats qui posent des questions, qui se sentent assez à l'aise pour dire : je ne comprends pas. »

À moins que l'équipe de Direction ne fasse sienne cette opinion de J.-M. Quatrepoint, concernant la fonction publique : « Je crains qu'une nouvelle politique industrielle ne puisse pas être pilotée par la génération de hauts fonctionnaires actuellement en poste. Ce n'est pas leur culture. Il faudra donc faire appel aux jeunes et aux seniors. »

Allez, chiche, on fait… JOYEUSE ANNÉE 2009 à tous !

... LA DÉGRADATION DE L'IMAGE DE LA PROFESSION BANCAIRE ...

$$$

À la Société Générale, *comme dans les autres sociétés cotées, l'actionnaire est bichonné. Il a droit à sa publication régulière* La lettre de l'actionnaire *et à un site internet qui lui est dédié. L'actionnaire a le droit une fois l'an de l'ouvrir lors des assemblées générales. Mais attention, s'il peut l'ouvrir, il ne peut empiéter sur les domaines relevant des compétences du Conseil d'Administration comme entre autres broutilles la rémunération des dirigeants. Comme disait Serge Kampf, le président de* CAP GEMINI *à l'Assemblée générale d'avril 2009, « Le patron dans une société anonyme, c'est le conseil d'administration. » Il ajoutait, rappelant l'échéance en 2010 de son mandat d'administrateur : « L'an prochain vous aurez tout le loisir de voter pour me foutre dehors. » « On n'a pas la majorité », a rétorqué un membre de l'assistance. « Achetez des actions, ça fera monter les cours », lui a-t-il répondu.*

Conclusion : la seule solution pour espérer changer quelque chose, c'est de suivre le conseil de Monsieur Kampf et le foutre dehors, lui et quelques autres. Mais cela suppose une véritable prise de conscience de l'actionnaire d'où l'adresse ci-dessous partiellement reprise par un journal local.

À Mesdames et Messieurs les actionnaires,

Sous la pression de l'Élysée, les Présidents et Directeurs Généraux des banques viennent de renoncer à leur rémunération variable ou bonus. Le porte-parole de l'UMP avait précisé auparavant qu'il désignerait à l'opinion publique « les banquiers qui refuseraient d'y renoncer », voyant là « une question de morale » en raison des prêts consentis par l'État aux banques.

Pour sauver la face et la bonne gouvernance si chère à Daniel Bouton (*SG*), il convenait que cette décision émane du Comité des rémunérations et du Conseil d'Administration. C'est désormais chose faite. Georges Pauget (*CA*) s'est réfugié derrière les mêmes règles formelles. Tristes comportements qui privilégient la forme plutôt que le fond, la loi plutôt que l'esprit des lois. Dans cette pantalonnade, les pouvoirs publics vont pouvoir affirmer qu'ils ont eu gain de cause, nos dirigeants qu'ils savent avant tout adopter un comportement responsable, et les citoyens se réjouir de voir à quel point ils sont entendus par les élites politiques ou d'entreprises.

Mais les fondamentaux qui sous-tendent ces décisions n'ont pas changé : priorité absolue à un système de rémunération indexé sur les résultats.

Quid de l'envolée des échelles de rémunération qui constituent le scandale absolu ? À la *BNP*, les 10 plus hauts salaires sont passés de 7,6 millions à 26,8 en 10 ans, à la *SG* de 15 à 78 millions. Les échelles de salaires ont doublé, voire pire. Ne parlons pas des options puisque la tendance est à leur substituer des attributions gratuites d'actions. En période de baisse des cours, cette solution a le mérite d'être plus sécurisante.

Tout cela n'est possible qu'en raison de la passivité des actionnaires petits porteurs. Moins de la moitié des voix sont exprimées aux Assemblées Générales. Sur ceux qui exercent leur droit de vote, beaucoup se contentent de cocher la case « Je donne pouvoir au Président ». Il leur serait pourtant possible d'exprimer leur désaccord. Par exemple, comme l'ont fait les représentants suisses du fonds *Ethos* en votant contre le renouvellement des mandats d'administrateur des membres du Comité des rémunérations de l'UBS. Par exemple, comme l'ont fait les représentants d'un fond de retraite britannique, en votant contre les résolutions de plans d'options proposées à l'Assemblée de la *Société Générale*. S'abstenir c'est laisser la décision à des amis qui se rencontrent de Conseil en Conseil, de dîner en dîner. Alors mesdames et messieurs, vous qu'on qualifie de petits porteurs, n'hésitez pas. Dans quelques mois, lors des Assemblées Générales, faites entendre votre voix. Directement ou par l'intermédiaire d'associations. Mais, de grâce, ne donnez surtout plus pouvoir au Président.

$$$

Février 2009 : La grande vertu du marketing et du reporting, c'est d'être créateur de « travail » et donc créateur d'emploi à travers la multiplication des messages et des réunions inutiles. Inutiles ? Mais non puisque nous pouvons en attendre la naissance de groupes choraux pour animer les soirées des pots de départ. Ce que la lettre qui suit ne dit pas, c'est que ces réunions peuvent déboucher sur des promotions accélérées. Pour peu que vous soyez dans l'équipe du délégué régional et lui permettiez d'être brillant, bien sûr… Une grande satisfaction : des idées de la deuxième lettre qui avait été « censurée » sont reprises ici. Comme dit l'ami Alain « Quand tu as une idée en tête, tu fais ch… tout le monde jusqu'à aboutir. » Il n'a sans doute pas tort ! Mais est-ce un compliment ?

À Madame la Directrice des Relations Humaines

FORMIDABLE

Madame, je n'aurai qu'un mot : vous êtes formidable. Les salariés de *Société Générale* et ceux de la Défense en particulier ne peuvent qu'être admiratifs devant votre capacité à anticiper les événements. Quand j'ouvre RH ON LINE, je vois dans le coin à droite « Grève de janvier, pensez au covoiturage ». Comme nous sommes en février 2009, j'en déduis qu'une grève est programmée en janvier 2010. Mon délégué syndical ne m'en a pas encore communiqué la date exacte. Lamentable... Il est nettement moins efficace que les gens qui surchargent mon agenda de rendez-vous et réunions diverses ou m'apprennent à découvrir le monde merveilleux des statistiques de production. Vous êtes formidable car vous savez aller à l'essentiel en permettant à des salariés au pouvoir d'achat meurtri de n'être pas victimes de grévistes, nécessairement irresponsables eux.

Imaginez par exemple que cette fichue grève tombe un jour de réunion trimestrielle RAM/RCL/RA comme celle-ci dont j'ai lu le compte-rendu dans *Britannia*, journal de la DR Lyon. Je cite : « Un rapide petit-déjeuner a précédé une dense réunion commerciale... Après un déjeuner copieux, l'après-midi a été cadencé par « *SO MUSIC* ». C'est tout d'abord une chorégraphie, imaginée par l'équipe des RAM, que les équipes de RA et RCL ont dû répéter. Ensuite, un *blind test* (???) a permis aux équipes d'évaluer leurs connaissances musicales. Sous le contrôle de juges professionnels représentés par les RAM et RCL, l'équipe gagnante s'est vu remettre des lots. » Soumis à cotisations sociales et déclarés au fisc ?

Voilà le modèle parfait de journée motivante pour pratiquer ensuite l'épluchage de la production. Parce que, c'est quasi garanti, ces fainéants de commerciaux auront encore profité de l'absence des distributeurs de carottes et coups de bâton retenus par cette indispensable journée trimestrielle pour ne rien faire. Un peu comme quand le rythmeur des galères romaines était atteint d'embarras gastrique.

Donc, à partir de ce simple exemple, on voit bien les conséquences incalculables d'une grève sans covoiturage : petit-déjeuner et déjeuner à la charge des participants, voire à la maison pour certains ce qui implique mine renfrognée d'un conjoint qui avait autrement programmé sa journée ; pas de lots pour récompenser les challenges choraux et chorégraphiques. Bref, il en résulte une amputation catastrophique du salaire réel et d'insupportables atteintes au moral. Sans compter la tristesse de ne pouvoir s'exercer au chant choral avec d'autres louveteaux tout un après midi… Sans compter la privation de communion à la gloire de l'Entreprise alors que d'autres, égoïstement soucieux de leurs sordides intérêts individuels, vont battre le pavé pour manifester.

Oui, Madame, je suis persuadé que le covoiturage, en réponse aux obstacles posés par la grève à laquelle on est soi-même appelé — obstacles qu'il est possible d'éviter en répondant à l'appel, forcément — est un trait de génie face à l'irresponsabilité syndicale. Mais il faut que nous sachions aller plus loin dans la difficile période actuelle. Il n'aura échappé ni à vos lectures ni à votre sagacité que nous sommes en crise. Pour y remédier, le gouvernement a lancé mille projets. Notre Président qui vilipende la vétusté des transports parisiens, plus particulièrement celle du RER A, veut aussi abolir la taxe professionnelle. Cette suppression de la taxe professionnelle va affecter des communes déjà sinistrées par une pénurie de logements sociaux entraînant des pénalités qui grèvent le budget municipal. Ainsi, à proximité de notre siège, Levallois et Neuilly vont lourdement souffrir.

Une solution est possible avec un mille et unième projet à mettre en œuvre nous-mêmes : que *Société Générale* construise des logements pour son personnel du siège à Neuilly ou Levallois. Tout le monde serait content. Le personnel qui vivrait dans une cité *SG*, comme au siècle dernier les gens de Schneider ou les mineurs des corons avec un temps de transport enfin supportable ; les contribuables de Neuilly et Levallois bien sûr ; le Président, enfin l'autre, pour l'intérêt porté aux résidents de sa bonne ville de Neuilly ; le gouvernement, qui recherche les baisses d'impôts pour améliorer le pouvoir d'achat et les grands projets pour la création d'emplois ; les usagers du RER A et de la ligne 1 du métro, puisqu'il y aurait moins de fréquentation ; et le Président là aussi puisque le RER A est l'une de ses obsessions, celle à laquelle il pense chaque matin en se rasant. Bref, tout le monde serait content.

Au centre de la cité, bien sûr, la place du Président Bouton avec sa statue, comme celle de M. Schneider au Creusot. Encore un bienfaiteur de l'humanité dont on ne parle pas assez, lui qui avait mis au point des procédés efficaces pour lutter contre la surpopulation qui nous menace. Un écologiste avant l'heure. Que dis-je ? Un grand précurseur… Si les syndicalistes européens avaient pu en 1914 déclencher une grève générale,

M. Schneider n'aurait pu devenir ce qu'il fut. Et notre pays n'aurait ni la croix de guerre ni le 11 novembre. Nous avons échappé au pire. Au fait, savez-vous si le covoiturage y est pour quelque chose ?

Je vous le concède : il y aura des esprits chagrins pour vous dire : « Mais tant qu'à faire, construisons un phalanstère sur le modèle de Fourier » ; le phalanstère, cet étrange habitat où sont logés à la même enseigne, dans les mêmes conditions et à proximité immédiate de leur travail les salariés de la même entreprise, du Directeur au garçon de courses. Mais ce modèle suppose des familiarités que nos remarquables têtes pensantes estimeront incompatibles avec leur statut. Je vous assure qu'ils ont tort. Même hors de l'ENA ou de Polytechnique, la pensée existe, je l'ai rencontrée. La seule difficulté est qu'elle n'est pas unique, ce qui complique les conversations.

Je vous laisse, c'est l'heure de ma pause. Bien que je n'aie rien à faire, j'assure la tradition. Avant, je faisais la pause entre deux périodes de travail. Maintenant, c'est entre deux périodes de repos. Mais il est important de maintenir des valeurs essentielles dans un monde en plein bouleversement.

Je vous prie d'agréer, Madame la Directrice, l'expression de mes sentiments respectueux et dévoués,

Gaston Deschanel

$$$

Mars 2009 : C'est l'époque où il convient de désigner pour trois ans les représentants des salariés au Conseil d'Administration. Voilà donc une adresse aux lecteurs, empreinte de prosélytisme et revenant au thème de l'expression des actionnaires lors des assemblées générales.

À mes fidèles lecteurs,

Merci d'avoir donné à mes camarades candidats aux élections du Conseil d'Administration suffisamment de voix pour qu'ils soient nettement en tête de ce scrutin, tous collèges confondus, à l'issue du premier tour. Mais, ne vous en déplaise, vous auriez dû faire un petit effort de mobilisation : 28 % d'électeurs s'exprimant c'est bien peu, surtout dans les circonstances actuelles, surtout quand le vote n'exige même pas un déplacement.

Bref, si je suis content que mes amis soient en tête, je suis déçu qu'ils le soient ainsi. Car un tel taux d'abstention constitue pour la Direction Générale un encouragement à continuer une politique sociale que les mauvais esprits — dont je ne fais pas partie — qualifient de rétrograde. À tort… Elle ne mériterait ce qualificatif que si elle nous ramenait à l'époque des Trente Glorieuses quand un patronat, pas nécessairement mieux doté de fibre sociale mais ayant le souvenir personnel d'époques autrement rudes, avait fait le choix d'apporter sa contribution à des avancées collectives de la société. L'avancée collective est basée sur la solidarité, tant mise à mal aujourd'hui au nom d'une prétendue sacro-sainte efficacité.

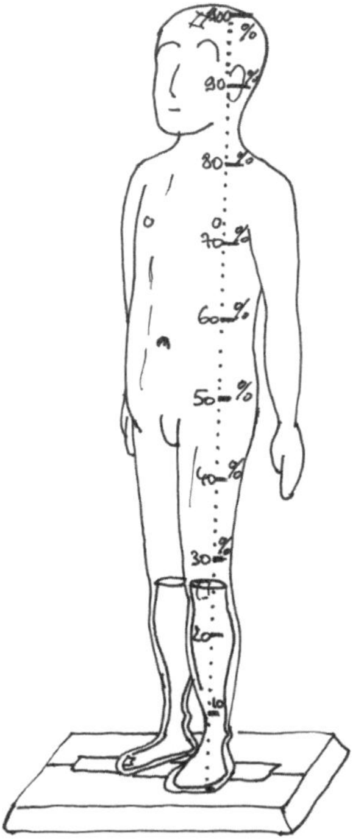

Dosimètre électoral :

l'électeur-type est ici plein à 28%. On peut dire aussi qu'il est vide à 72%, selon qu'on est optimiste ou pessimiste.

DD

Depuis cette époque, *Société Générale* est devenue privée. En gage de modernité elle a fait sien l'axiome politique de Margaret Thatcher selon lequel « il n'y a pas de société mais seulement des individus. » Chacun peut mesurer aujourd'hui où cela nous a conduits. Chacun peut également juger comment cela se traduit dans la composition du Conseil d'Administration et de ses Comités annexes.

De rapport Viénot en rapport Bouton, nous avons été bassinés pendant deux décennies avec la bonne gouvernance des entreprises. Bonne gouvernance que j'avais résumée ainsi dans une lettre de novembre 2007 : « Longtemps, il y eu Ernest Antoine à la tête du Comité des Rémunérations. Un féru de déontologie ! Son machin, le MEDEF disait qu'il faut limiter la rémunération des patrons à 240 fois le Smic, comme recommandé par Proxinvest. Vous avez bien fait de vous en débarrasser et de le remplacer par un autre Antoine (Jeancourt). Lui, il vient de la banque. Il comprend les difficultés de votre apostolat. Bref, il compatit et il vous a permis de franchir la barre des 700 Smic. Quel brave homme ! »

Pour nos dirigeants, la bonne gouvernance se conçoit comme d'une part la présence majoritaire d'administrateurs indépendants et d'autre part l'existence de Comités de rémunération et de Comités de sélection. Pour rassurer le bon peuple des salariés et petits actionnaires, le Comité des rémunérations est évidemment présidé par un administrateur indépendant. C'est ainsi que se sont succédé à cette présidence :

– Ernest Antoine Seillières, patron de *CGIP* et ex-président du MEDEF.

– Antoine Jeancourt, administrateur depuis 1994, président des *AGF* jusqu'en 2001. N'obtiendra de ce fait le statut d'administrateur indépendant et la présidence du Comité qu'en 2004, au bout de 3 ans de « purgatoire ».

– Jean-Martin Folz, ex-président de *PSA* de 1997 à 2007, Président de l'AFEP (Association Française des Entreprises Privées).

Il faut donc comprendre l'indépendance au sens des recommandations de l'AFEP que peut transmettre directement Folz : pas de lien direct entre l'Entreprise et l'administrateur. Mais tous les intérêts de caste et de classe sont permis. Dieu merci ! Ainsi, au nom de cette indépendance sur laquelle veillent farouchement les déontologues Viénot et Bouton, les représentants des salariés au Conseil d'Administration ne peuvent siéger au Comité des Rémunérations. Ne sont-ils pas liés à l'Entreprise par un contrat de travail ? Diable ! C'est le début de la connivence d'intérêts.

Bien entendu, je n'ai pas un seul instant l'outrecuidance de croire que la présence de deux administrateurs représentant les salariés peut modifier profondément les comportements au Conseil. Pourtant je suis persuadé que leur expression peut constituer un garde-fou à des pratiques délirantes et dangereuses guidées plus par la notion court-termiste de création de valeur que par celle plus traditionnelle de performance. Car nous ne sommes pas sortis de l'absurdité. Exemple des comportements à l'antipode des discours officiels, cet entrefilet des *Échos* d'août 2006 : « *Société Générale* a pris une participation de 10 % dans le *Bioenergy Development Fund*, un fonds d'investissement qui prévoit d'investir 1 milliard de dollars dans des projets de développement de l'éthanol et autres biocarburants. Le fonds vise un taux de rentabilité annuel de 25 %. » « L'éthanol est un des éléments de réponse au problème énergétique actuel », explique ainsi aux *Échos*, François Dossa, le directeur de la filiale brésilienne de la *Société Générale*. Sans entrer dans le débat sur l'intérêt de l'éthanol, je m'interroge sur les conséquences écologiques et économiques d'un taux de rentabilité de 25 %. Nous finançons directement la disparition de la forêt amazonienne brésilienne. Les objectifs de ROE se moquent des dégâts qu'ils peuvent causer et les résultats sont sanctifiés. Les résultats des 9 premiers mois 2008 font ainsi état d'un ROE de 18,8 % pour les réseaux France, de 36,3 % pour les réseaux internationaux essentiellement implantés en Europe de l'Est et en Afrique. Comment justifier une telle ponction sur l'économie ? Comment justifier ce transfert de ressources des pays pauvres vers les plus riches ?

Voilà pourquoi les voix discordantes sont de plus en plus nécessaires. Il est en effet absurde de croire comme il s'est dit à Davos que les gens qui ont mené le système financier au bord de l'effondrement ne sont pas seulement une partie du problème mais également une partie de la solution.

Voilà pourquoi, salariés aussi bien qu'actionnaires, nous devons nous atteler à essayer d'inverser la politique de cette entreprise.

Voilà aussi pourquoi je vous invite à faire un petit pas en ce sens en votant entre le 24 et le 31 mars pour les élections du Conseil d'Administration. Une participation importante est un message fort adressé aux Équipes de Direction. Et ce message est aujourd'hui essentiel.

Si, allant au-delà de ce message, vous envoyiez mes amis Cédétistes siéger au Conseil d'Administration, j'en serais ravi.

Cordialement,

Gaston Deschanel

$$$

Mars 2009 : Nous voilà à la dernière bévue de Bouton : une proposition de distribution de stock-options aux mandataires sociaux. Il s'en expliquera un mois plus tard au Figaro : « *Les options sont à mon sens les instruments les mieux adaptés à la situation actuelle : elles permettent d'associer, sans trop grever les coûts de l'entreprise, des milliers de personnes à la traversée de la tempête.* » *Cette bévue précipitera son départ puisque l'opinion publique et les politiques ne comprennent rien à ce choix de rémunérations qui est, selon lui, imposé par les circonstances. Les options sont soumises à des conditions de performance sur trois ans. C'est donc la garantie que les bénéficiaires effectueront leur mission dans l'intérêt bien compris de l'Entreprise et de ses actionnaires. Le discours est d'un classicisme navrant Il reflète le divorce profond entre ces individus improprement qualifiés d'élites et la plèbe, vous, moi. J'extrais les chiffres qui suivent d'un article de Guillaume Duval, rédacteur en chef d'*Alternatives Économiques : « *Entre 1936 et 1939, la rémunération moyenne des 150 dirigeants les mieux payés des 50 plus grandes entreprises américaines représentait 82 fois le salaire moyen. Entre 1960 et 1969, ce ratio était tombé à 39 mais, après l'élection de Ronald Reagan en 1980, ce ratio est remonté en flèche pour atteindre 187 durant la décennie 90 et culminer à 367 au début des années 2000. Ironie de l'histoire, le PDG américain le mieux payé en 2007 était John Tain, PDG de la banque d'investissement* Merryl Lynch *avec un revenu annuel de 83 millions de dollars soit 61 millions d'euros, 3 970 années de Smic français… Et cela, juste avant que sa banque, emportée par la faillite de* Lehman Brothers, *ne soit rachetée en septembre dernier par* Bank of America. *Preuve, s'il en est besoin, de la faible corrélation entre le niveau de rémunération des PDG et la qualité de leur gestion.* » *Personne n'en doute plus, mais on ne va quand même pas remettre en cause des intérêts de classe et de caste pour des raisons de qualité de gestion, non mais !*

À Daniel Bouton, Président,

CHAPEAU BAS

Quelle audace ! Quel courage ! Quelle classe ! Publier la veille d'une journée de manifestations à laquelle vos salariés sont appelés un communiqué annonçant la distribution de stock-options, il fallait oser. Entre nous, en ce 18 mars, pour mon anniversaire, je ne pouvais rêver plus beau cadeau que ce non-événement démontrant à ceux qui vous disaient fini que vous n'avez rien perdu de votre morgue ni de votre sens inné de la provocation.

Qui plus est, vous avez su faire des émules. Pendant les 11 années où vous cumuliez les fonctions de Président et Directeur Général, la moyenne d'options qui vous était attribuée était de 119 000. Avec les fonctions différenciées, ce sont 70 000 pour le Président et 150 000 pour le Directeur Général, soit un total de 220 000. Belle hausse. Voilà qui va stimuler la confiance en cette période de crise, surtout la confiance en nos « élites », autrement dit la seule confiance qui vaille (au sens littéral du terme), pas celle qui coûte.

Madame Parisot a bien raison de fustiger l'irresponsabilité des syndicats et de faire confiance aux Entreprises car, comme le rappelle fort justement le communiqué de la *Société Générale*, ce plan d'options est en parfaite conformité avec le code de gouvernance de l'AFEP et du MEDEF. Or, au sein du Conseil et en qualité de Président du Comité des Rémunérations, le citoyen Martin Folz, Président de l'AFEP veille à la stricte application de ce code dont la populace n'imagine pas les contraintes qu'il représente. Vous connaissez, bien sûr, car tout ouvrage traitant de la bonne gouvernance figure sur votre chevet, mais je ne peux résister au plaisir de vous rappeler quelques extraits :

« Le comité des rémunérations doit permettre de placer le conseil d'administration ou de surveillance dans les meilleures conditions pour déterminer l'ensemble des rémunérations et avantages des dirigeants mandataires sociaux :

– afin de rémunérer ou de motiver le dirigeant mandataire social, en le plaçant dans les conditions les plus favorables à l'exercice de sa fonction ;

– en faisant coïncider, autant que faire se peut, son intérêt avec celui des actionnaires, ce qui ne peut s'apprécier que sur la durée ;

– tout en maintenant la cohésion sociale, tant au sein de l'équipe dirigeante que de l'entreprise et de son environnement ;

Sacrément contraignant, non ?

Alors, les obscurs et les sans-grade qui sont autour de moi, imprégnés depuis plus de dix ans de votre sens du bien commun, celui que l'on enseigne à l'ENA bien sûr, n'ont vu dans ce plan que votre souci du maintien de la cohésion sociale dans l'Entreprise. N'ont-ils pas entendu, la semaine passée, l'un de vos directeurs généraux délégués, bénéficiaire présomptif de 50 000 options, juché sur une estrade les remercier pour leur solidarité ? Aujourd'hui, ils sont heureux, comme moi, de mesurer le résultat de cette solidarité qui permet de concentrer sur l'équipe dirigeante la rémunération de leurs efforts. Parce que s'il fallait parler du résultat de leurs actions à travers le fonds E, ce serait une autre paire de manches. Pour vous prendre mon exemple, les 39 000 € que j'y ai investi au cours des cinq dernières années sont devenus 16 000 € aujourd'hui.

Je ne vous en remercierai jamais assez. Sans ces pertes — abyssales à l'aune de ma rémunération — je courais le risque de devenir comme ceux de votre espèce à la recherche permanente d'un statut social toujours plus élevé, ce qui m'aurait rangé à mon corps défendant dans l'horrible tribu des éternellement insatisfaits de leurs ressources parce que jamais à la hauteur de leurs mérites autoproclamés. J'aurais peut-être même pratiqué le golf, sport très bien vu dans la hiérarchie depuis votre arrivée et dont accessoirement j'ai découvert qu'il était le plus sponsorisé mondialement par les Entreprises. Heureusement d'ailleurs car sans cela de nombreux dirigeants d'entreprise supporteraient des atteintes terribles à leur pouvoir d'achat. Il paraît que le golf coûte plus cher que la pétanque.

Je me demande même s'il ne serait pas utile d'augmenter d'urgence la contribution de *Société Générale* à ce sport en voie de démocratisation. Attention : ne pas confondre « démocratie » et « démocratisation ». La démocratie, c'est quand les pauvres sont invités à voter pour les riches ou leurs suppôts dans le seul intérêt des riches qui promettent aux pauvres qu'ils deviendront riches : ils appellent cela l'ascenseur social (celui que l'on finance par les économies d'échelle). La démocratisation, c'est quand les riches condescendent à ce que les pauvres puissent accéder (difficilement) à leurs activités et leur permettre ainsi d'apporter une contribution plus efficace à la destruction de la planète. C'est pourquoi le smicard qui pratique le golf est beaucoup plus méritant que celui qui s'adonne à la pétanque. Forcément…

Vous n'avez pas daigné communiquer sur ce sujet auprès de vos « collaborateurs », laissant notre Directeur Général s'adresser à ses « collègues » pour « éviter tout malentendu » et « préserver le pacte social de la *Société Générale* ». Soyez serein à propos de ce pacte social si précieux à vos yeux. En période de distribution de part variable, il est parfaitement respecté : vos valets, respectueux des règles que vous leur avez enseignées, ont pris grand soin d'élargir l'échelle de la distribution.

Le résultat de cette pitoyable pitrerie à laquelle s'est ajoutée celle du Conseil d'Administration de *VALEO* taillant un contrat sur mesure à son ex-PDG pour lui permettre de partir les poches pleines sera donc un décret limitant les rémunérations des dirigeants d'Entreprise ayant bénéficié d'avances de fonds publics. Ce qui ne résout rien…

Je vous suggère d'adopter d'autres règles. Cessez d'utiliser comme indice de performance la valeur du titre. Prenez en compte la performance future et durable de l'Entreprise, comme l'écrit si bien notre Directeur Général. Critères environnementaux et critères sociaux sont des éléments dans lesquels tous, clients, salariés et actionnaires trouveront des intérêts communs.

Selon le conseiller scientifique en chef du gouvernement britannique, une « tempête du siècle » rassemblant pénurie alimentaire, pénurie d'eau et renchérissement de l'énergie frappera l'économie mondiale avant 2030. Pour Jonathon Porrit, ancien président des « Amis de la Terre », il faut plutôt la prévoir en 2020. La vente d'actions pourra-t-elle encore payer l'eau nécessaire pour arroser les golfs ? Si tel n'est pas le cas, me voilà bien inquiet pour vos activités de retraite. En effet, un calcul sommaire entre options levées et solde d'actions détenues fait apparaître une centaine de milliers d'options levées et d'actions vendues annuellement. Avec environ 500 000 options évanouies, de sérieuses difficultés de trésorerie vous attendent.

Pourtant, je vais rester optimiste et comme toujours confiant dans votre capacité à infléchir durablement le cours des événements.

Je vous prie d'agréer, Monsieur le Président, l'expression de mes sentiments respectueux et dévoués.

Gaston Deschanel

$$$

Avril 2009 : Les mêmes causes produisent les mêmes effets. Dans ses fonctions antérieures de directeur de DEC, ce délégué régional était déjà un fada des challenges ou des opérations publicitaires pour gratter ici ou là quelque amélioration de ses statistiques. Par exemple, ce challenge de septembre/octobre 2007 imposé aux chargés d'accueil et alternants. Nous sommes dans la même philosophie : en ma qualité de délégué régional, j'use de mon pouvoir pour faire pression sur les salariés qui me sont subordonnés car ma carrière dépend de l'image que mes supérieurs ont de moi ; donc j'améliore mon image par l'amélioration des statistiques à présenter. Et n'oubliez pas de lire entre les lignes. L'invitation à la « nécessaire reconstitution des dépôts bilanciels » signifie que Société Générale *est en situation d'insuffisance de liquidités et donc trop dépendante du marché interbancaire. Même course aux liquidités que quelques mois plus tôt avec le livret A.*

À Monsieur le Délégué Régional Rhône Alpes,

Monsieur le Délégué,

Devenu aujourd'hui modeste inemployé d'une DEC quelconque, je sollicite de votre très haute bienveillance la possibilité d'une affectation dans la remarquable délégation dont vous êtes le formidable animateur. J'ose espérer que vous ne me tenez pas rigueur d'avoir omis de vous citer dans le palmarès des challenges établi l'été dernier. La DEC T… était alors en phase de changement de directeur et c'est votre successeur qui s'est vu féliciter pour des actions qui vous sont imputables. Je ne commettrai plus jamais pareille injustice. Promis, juré…

Revenons à l'objet de ma missive. J'ai été informé par des lecteurs appartenant à votre délégation, qu'horrifié tant par la politique salariale de l'Entreprise que par les pertes abyssales subies par de modestes salariés épargnants via le Fonds E, vous aviez lancé une campagne pour venir en aide au personnel de votre délégation. C'est ainsi qu'en complément de la « campagne PEL initiée auprès de tous nos clients par la Direction du réseau dans le cadre de la nécessaire reconstitution des dépôts bilanciels de *SOCIÉTÉ GÉNÉRALE* (*sic*) », vous lancez une campagne PEL à destination des seuls salariés de la DR. Formidable ! Mais inquiétant…

Formidable, parce que les quelque 2 000 salariés de la DR de LYON sont en passe de devenir d'extraordinaires privilégiés au regard de leurs collègues. Pensez : ils bénéficient, par le seul fait d'être salarié de votre DR d'une offre promotionnelle pour la souscription d'un PEL ou l'augmentation des versements programmés, allant jusqu'à 75 €. Soixante-quinze euros ! Si, si… Sans cotisations sociales, sans rien. Pour un salaire moyen, cela fait du 0,25 % d'augmentation. Et les grands chefs là-haut dans leur tour n'y ont pas pensé. Franchement, quelle bande de nuls ! Surtout que la méthode est bien connue, usée, éculée : viens chez moi, c'est mieux qu'ailleurs. De la subvention pour l'entreprise qui vient s'installer à feue la guerre des tarifs pour les vignettes auto, jusqu'à sa plus belle expression mais qui ne saurait me concerner : le paradis fiscal.

Que je ne sois pas concerné par les paradis fiscaux, bien ! Mais je suis comme beaucoup, privé de la moindre augmentation depuis quelques années déjà. D'où l'intérêt que je porte à votre offre. Par les temps qui courent, un sou est un sou. Et manifestement, nous avons les mêmes préoccupations : moi, j'ai besoin de sous pour consommer, vous pour gonfler les dépôts, et ainsi pouvoir vous gonfler des résultats obtenus par votre DR. Une fois bien gonflé, vous pourrez continuer à vous élever. Forcément…

Mais votre proposition est aussi inquiétante. Non que j'imagine un seul instant que l'esprit de veille déontologique qui sévit si fort chez nous trouve à votre initiative un caractère discriminatoire car limitée à 5 % du personnel de la *SGPM*. Pas plus que je n'imagine que d'autres, suivant votre exemple jusqu'à l'absurde, n'en viennent à distribuer les salaires sous forme de chèques-cadeaux aujourd'hui et de bons-repas à la soupe populaire demain. Je m'inquiète de l'exposé des motifs de l'opération. Si l'on parle de reconstitution des dépôts bilanciels, c'est qu'ils ont souffert ces dépôts. Forcément… Si cette reconstitution est nécessaire, c'est qu'ils ont beaucoup souffert. Au point de remettre en cause la solidité de notre modèle ? Ne sont-ils plus suffisants pour que vous invitiez le personnel (par définition sous votre autorité) à les faire progresser ? Ne prendrai-je pas un risque inconsidéré en confiant mes fonds à une banque en si mauvaise posture ?

Je vais donc vous proposer une solution raisonnable qui puisse aller dans le sens de nos intérêts communs :

1. Vous levez l'effet discriminatoire de la mesure en l'étendant à l'ensemble des salariés de la *SGPM* qui viendront ouvrir un compte et un PEL dans l'une des agences de la DR de Lyon. Comme le département de la Haute-Marne eut en son temps sa gloire en attirant les flottes de loueurs pour encaisser massivement le produit de la vignette auto, ce dumping devrait vous valoir un afflux de comptes et de PEL.

2. Le gonflement des dépôts qui va en résulter permettra à la DR de Lyon de reprendre la place qui est la sienne dans la hiérarchie de la Banque De Détail en France (BDDF), comme vous l'exprimiez dans vos vœux. Bien entendu les récalcitrants à la souscription feront l'objet d'une annotation à leur dossier.

3. La progression attendue des dépôts sera si rapide que vous serez propulsé quasi immédiatement au 37ᵉ étage.

4. Les collègues et moi-même pourront alors solder immédiatement nos PEL et récupérer les 75 € que vous aurez si gentiment versés.

Si ce plan ne pouvait aboutir, nous devrons envisager les moyens nécessaires pour obtenir le transfert du siège social dans votre belle délégation afin de vous offrir l'assiette de clientèle nécessaire à vos projets.

Pour que tout soit parfait, il faudra augmenter la rémunération variable de ceux de vos Directeurs qui ont su faire preuve d'initiatives audacieuses à cette occasion. L'un d'eux avait par exemple retransmis votre message avec réponse « oui » ou « non » à l'aide des boutons de vote. Le lecteur qui m'a avisé a répondu « non » parce qu'il avait déjà un PEL à la *BNP*. J'espère que cette petite infidélité ne figurera pas à son dossier

Je suis curieux de connaître les résultats de cette géniale opération. Vous me tiendrez au courant de la suite donnée.

Dans l'attente du plaisir de vous lire, je vous prie d'agréer, Monsieur le Délégué, l'expression de mes sentiments respectueux et dévoués.

Gaston Deschanel

$$$

Juin 2009 : Ça y est. Depuis fin avril, il n'y a plus de Président Bouton. Il a démissionné pour protéger l'image de la banque. Il a gentiment ajouté que « Les critiques contre les banques lui semblent malvenues. Même si elles ont commis des erreurs. Et même s'il comprend combien la tentation du bouc émissaire peut être forte en période de crise aiguë comme celle que nous traversons. » Évidemment, aller au-delà et reconnaître que les banques portent une tout autre responsabilité relève d'une autoflagellation inimaginable. Cette saloperie de roche tarpéienne avec sa proximité du Capitole, n'est-ce pas suffisant ? Encore que les roches tarpéiennes d'aujourd'hui sont devenues douces. À partir de mai 2010, notre désormais ex-président percevra de l'Entreprise, hors régimes généraux, une retraite annuelle de 730 000 euros. Il reste pour améliorer l'ordinaire quelques jetons de présence dans les conseils d'administration de Total *et* Veolia, Veolia *où il vient d'exercer brillamment ses talents au sein du comité des rémunérations en « accordant » 450 000 euros à Henri Proglio, en sus de son salaire de Président d'EDF (1,6 M€). Et il n'exclut pas d'exercer d'autres talents. Forcément !*

À mes fidèles lecteurs,
En mémoire de feu Alphonse Guinehut

T'EN FÉ PAS, J'OU SE BEN, J'Y ÉTAIS…

Où qu'j'étais ? Mais à l'assemblée générale des actionnaires, bien sûr. Ah, mes chers lecteurs, celui qui n'a pas connu l'hypocrisie de ce moment ignore beaucoup. Et puisque j'ai eu la chance d'y être, il n'est que juste retour des choses que je vous en fasse un rapide compte-rendu.

Tout d'abord, dès l'arrivée, les journalistes avec caméras, micros et appareils photos cherchant à repérer l'actionnaire ou le salarié qui leur offrira le scoop ou, plus sûrement encore, la confirmation d'idées préconçues. La presse attendait ainsi une Assemblée Générale 2009 où les salariés viendraient régler leurs comptes avec la Direction Générale et ses projets de stocks options douloureusement abandonnés comme à l'Assemblée 2008, ils attendaient le lynchage par les actionnaires du très cher Président Bouton.

Du Président Bouton, il fut d'ailleurs question : un montage présenta à une Assemblée, d'abord sidérée puis goguenarde et railleuse, les grands progrès accomplis par la *Société Générale* sous les dix années de sa Présidence. Heureusement que le montage était court, sinon d'aucuns auraient pu y gagner une extinction de voix tant ils sifflaient. Quand même, c'est faire preuve de beaucoup d'ingratitude envers ce bon Monsieur Bouton. Moi, je crois qu'il serait bon de projeter ce remarquable document dans l'ensemble du groupe *Société Générale* et en particulier dans les filiales ou entités qui, bénéficiaires de plans sociaux comme *SGAM, SOGEPROM*, sauront l'apprécier à sa juste valeur. Nous aurons sûrement d'excellents résultats à l'applaudimètre.

Après avoir jeté Daniel dans la fosse aux lions — Kerviel, les subprimes et la responsabilité sociale qu'il érigea en dogme intangible pour n'en rien appliquer interdisant ainsi de le jeter aux oubliettes de l'Histoire — notre nouveau Président nous a doctement expliqué les mérites de la politique de rémunération des dirigeants de l'Entreprise. Je dois vous dire franchement que je n'ai pas tout compris. Normal, je ne suis ni énarque ni polytechnicien, donc j'ai du bon sens. Mais j'ai quand même parfaitement compris que les principes de ces rémunérations n'ont pas varié d'un iota : 850 K€ de fixe annuel (54 SMIC), une part variable pouvant atteindre 115 %

de cette rémunération fixe, fonction toujours des seuls résultats financiers et, dans l'avenir, des attributions de stock-options pour un alignement des rémunérations avec l'intérêt des actionnaires. À court terme ou à long terme, cet intérêt ? Bref, selon notre Président, *Société Générale* a le souci d'une « politique raisonnée » entre les intérêts de ses « collaborateurs » et ceux de ses actionnaires. C'est une banque responsable et les critiques ne sont pas justifiées. Fermez le ban.

Je fais l'impasse sur la présentation des résultats pour me consacrer aux bonnes nouvelles annoncées. D'abord, le patron de *PAEN* a fait un speech sur la responsabilité sociétale de la *Société Générale* avec ses actions pour l'insertion des jeunes, la mission handicap, le programme insertion logement et l'action handisports. Il ne nous a parlé de rien d'autre, comme si les actions compassionnelles pouvaient effacer la responsabilité de l'Entreprise dans la déstructuration de la société. Il m'a fait penser à ce curé de mon enfance qui enseignait à ses ouailles, du haut de sa chaire, les vertus de la charité. Le même curé, sans doute au nom de sa responsabilité sociétale, allait expliquer aux ouvriers du village qu'ils devaient envoyer leurs enfants au collège privé, le lycée étant l'école du diable. Il n'ignorait pas que c'était impossible financièrement. Il n'ignorait pas non plus que tout parent passant outre prenait le risque de perdre son emploi. La charité est la bonne conscience des gens aisés. Elle ne peut s'exercer qu'avec une population de pauvres, d'où la nécessité d'entretenir précieusement cette population, et même de la recréer quand d'affreux principes égalitaires tendraient à la réduire.

C'est au nom de cette absolue nécessité que *Société Générale* a fait exploser l'échelle de ses rémunérations pour avoir ses propres pauvres. C'est aussi pour cela que les grands vizirs Michel Pebereau et Daniel Bouton, alors qu'ils s'étripaient joyeusement en 1999 pour devenir le calife d'une banque unique, dénonçaient ensemble une Convention Collective incompatible avec leurs ambitions. Le résultat est à la hauteur de leurs espérances : ils ont largement contribué à la création du travailleur pauvre. Grâce leur soit rendue.

Autre grande nouvelle : le Président a annoncé que nous allions remettre les besoins du client au cœur de la relation clientèle et assurer la formation des Conseillers en conséquence. Finies les courses aux bâtons initiées par certaines hiérarchies pour se faire mousser. Peut-être que nous allons suivre l'exemple du Bouthan — qui ne connaît pas le PIB —

et remplacer les indicateurs de production par des indicateurs de satisfaction des clients et des salariés. Ce serait une sacrée initiative créatrice d'emplois dans l'indispensable formation des hiérarchies intermédiaires.

C'est ainsi, le temps passant, que nous en sommes arrivés aux questions de la salle puis au vote des résolutions. Frondeurs, nos actionnaires n'ont approuvé qu'aux trois quarts les conventions retraites et indemnités de départ des dirigeants mais pas rancuniers ils ont pardonné aux administrateurs sortants (Jean Azema et Élisabeth Lullin) leur dérapage de mars quand ils votaient le plan de stock-option. Grand bonheur, les nouvelles compétences entrantes ont fait un score remarquable. Ainsi Monsieur Castaignes, ès qualités d'administrateur indépendant a dépassé les 97 %. Voilà une légitimité bien méritée et la *Société Générale* qui n'a que 57 filiales dans les paradis fiscaux va pouvoir bénéficier de sa solide expérience dans ce domaine puisque 1 470 sociétés du groupe *TOTAL* dont il était le Directeur Financier y ont trouvé refuge. Pour avoir atteint le meilleur score, il a sans doute fait le plein des voix des actionnaires bretons qui conservent le souvenir ému de l'Érika et des actionnaires toulousains encore émerveillés du feu d'artifice offert par *AZF*, filiale de *Total*. Si, en plus, nous avions quelques généraux birmans actionnaires… Sans doute aurons-nous aussi besoin de ses compétences industrielles : la centaine de millions de dollars investie par notre filiale brésilienne dans le « *BIOÉTHANOL DEVELOPMENT FUND* » (siège social aux îles Caïman) pour développer la culture de la canne à sucre au Brésil (retour sur investissement attendu 25 %) et les biocarburants le justifie sûrement. L'avenir du monde, de la forêt amazonienne et des Indiens Guaranis un peu moins sans doute…

Pour compléter le tableau, ne voilà-t-il pas que Jean Bernard Levy, patron de *Vivendi*, entre aussi au Conseil d'Administration, lui qui croise dans les réunions de son Directoire Christophe de Margerie, patron de *Total*, pendant que Daniel Bouton déjeune avec Jean Azema et Baudoin Prot après les réunions de Conseil de *Veolia*. Tous ces braves gens y sont administrateurs indépendants (pas bénévoles quand même). Tout continue comme s'il n'y avait eu aucune crise économique, comme si la crise environnementale ne nous menaçait pas. Veblen (encore lui) avait analysé ce comportement dès la fin du XIXe qui veut que « La classe dirigeante conserve une tournure d'esprit archaïque du fait que la pression économique n'est pas assez forte pour la contraindre d'adapter ses façons de penser à une situation qui change. »

Cela n'a fait que se vérifier au cours du siècle suivant et nous continuons. Alors désormais, si d'aventure, on me parle de cette Assemblée Générale, je ferai mienne la formule d'Alphonse Guinehut. Alphonse détestait, comme beaucoup d'anciens combattants de 14-18, qu'on vienne lui parler de Verdun dont il était revenu après avoir reçu deux béquilles en échange d'une jambe abandonnée sur place. Dès que le mot Verdun était prononcé, il mettait un terme à la conversation d'une formule prononcée d'une voix douce mais ferme : « T'en fé pas, j'ou se ben, j'y étais ». Je vais adopter la méthode.

Gaston Deschanel

$$$

Juillet 2009 : Le développement durable et l'humanitaire sont devenus des supports marketing d'utilisation permanente. Par exemple, l'ouverture de comptes à vue par la méthode du parrainage s'accompagne de cadeaux :

« Pour toute ouverture de CAV, même choix de cadeau pour le parrain et le filleul. ***Les cadeaux*** *:*

– Un ***GPS*** *directement envoyé chez le client,*

– ou ***30 000 points « filigrane »*** *matérialisés par un coffret bien-être (cible femme), un A/R Paris/Province par avion (toute cible), un* Ipod *(cible jeune)…*

– Le + : 10 € reversés par la* Société Générale *à Action contre la faim. »

*Est-ce pour le GPS et l'*Ipod *que les clients acceptent d'ouvrir un compte ? Est-ce pour les 10 € destinés à AICF ?*

Cet appel à nos mauvaises consciences pour faire du flouze est sacrément malsain, même si je peux comprendre que des associations aussi respectables qu'AICF ou d'autres ne puissent négliger aucune source de financement tant les besoins sont immenses.

À Monsieur le Directeur de la Communication

AH QUAND MÊME !

Monsieur le Directeur,

Ah quand même ! Quelqu'un qui prend le temps de me lire ! Je tiens à vous remercier de l'intérêt que vous avez porté à ma dernière missive. Depuis le jour où j'ai jugé qu'il était indispensable d'adresser régulièrement des messages de félicitations et d'encouragement aux remarquables élites de cette Entreprise, force m'a été de reconnaître qu'il était quasiment impossible d'en mesurer l'impact. J'ai même cru un moment que personne n'y attachait d'importance. Il est vrai qu'avec la capacité générale des entourages courtisans à se prosterner, les écrits pourtant enflammés d'admiration d'un salarié lointain pèsent bien peu. De ce fait, je me trouvais au bord du découragement et m'interrogeais même sur la pertinence de mes missives quand brusquement, par une audacieuse initiative, vous m'avez fait savoir que vous au moins preniez le temps de me lire et reteniez mes leçons. Je ne vous en remercierai jamais assez.

L'encre de ma dernière lettre destinée à mes fidèles lecteurs était à peine sèche que ne voilà-t-il pas que mon écran d'ordinateur s'éclaire d'un message de vos services me demandant de « devenir parrain d'un jeune brésilien pour l'aider à s'en sortir ». Lisant cela, j'ai été frappé d'un éclair de lucidité. Vous ne savez pas ce que c'est ? Normal. Ce phénomène est devenu si rare dans notre Entreprise et surtout si peu recherché qu'il n'existe plus que dans la mémoire des anciens. Je vais vous expliquer à partir d'un exemple simple : un directeur de DEC consulte quotidiennement ses statistiques de production. Enfin, pas les siennes, bien sûr puisqu'il ne produit rien ! Le statut d'un directeur veut qu'il n'ait rien à produire. Comme tous les délégataires, il n'a d'autre rôle que d'œuvrer pour accroître la gloire de son délégant, le délégué régional œuvrant lui-même pour la réputation du Directeur de Réseau, etc. Il consulte donc, disais-je, les statistiques présentées par son DCPP qui les a lui-même fait élaborer par les RAM, lesquels ont sollicité les RCL qui, Dieu merci, disposaient de tous les renseignements nécessaires grâce aux RA qui veillent à la bonne tenue par les commerciaux de base des fichiers de suivi de production. Évidemment, pas ceux élaborés en central, notoirement insuffisants, mais ceux que l'imagination débordante des Directeurs a amené à créer localement. Outils d'autant plus indispensables que la seule chose qui compte pour accéder au statut de délégataire supérieur est d'innover dans l'inutile. Dans cet environnement, l'éclair de lucidité se manifeste quand le Directeur est brutalement frappé par la tentation de commencer à chercher à comprendre pourquoi les résultats ne sont pas à la hauteur de ses espérances, au lieu de réagir comme il est d'usage par la flagellation verbale des abrutis ayant insuffisamment produit et ce en respectant, bien sûr, la voie hiérarchique descendante. À partir de cet exemple, très primaire j'en conviens volontiers, vous savez ce qu'est un éclair de lucidité et donc pourquoi il fait partie des espèces en voie de disparition.

Malgré cela et quoiqu'une longue, très longue carrière m'ait permis d'atteindre, il y a vingt ans, des fonctions d'abruti intermédiaire, un éclair de lucidité, dis-je, a réussi à me frapper : j'ai brutalement découvert que si vous avez lancé cette campagne « permettant d'apporter aux jeunes des *favelas* une aide dans leur vie quotidienne mais également les bases nécessaires pour trouver un métier », c'est grâce à moi. N'est ce pas ce bon Gaston qui vous a rappelé les efforts méritoires de notre filiale brésilienne pour favoriser le développement de la canne à sucre ? Grâce à cela, nous allons pouvoir aider ces malheureux propriétaires terriens gênés dans leurs efforts par ces abrutis d'Indiens guaranis qui cherchent à conserver la terre de leurs ancêtres sans titre de propriété. Une véritable honte. Déjà qu'ils sont autorisés à survivre en devenant coupeur de cannes, de quoi se plaindraient-ils ?

Peut-être de l'avenir que leur a concocté ce bon monsieur Robert Louis-Dreyfus, deuxième producteur de canne à sucre au Brésil, décédé il y a peu hélas, qui a programmé d'étendre rapidement la culture de la canne à sucre, en construisant des distilleries à travers tout le pays et en mécanisant la production. Finie donc l'exploitation de ces malheureux Indiens. Bénéficiaires directs des vertus de la modernisation ils vont pouvoir rejoindre en chantant les *favelas* où nos actions de charité vont leur apporter selon votre inénarrable formule : « une aide dans leur vie quotidienne mais également les bases nécessaires pour trouver un métier. » Je suggère de leur apprendre le métier de footballeur... Ben oui !

Rappelez-vous ce brave monsieur Gaudin au soir de l'annonce du décès de ce bon Monsieur Robert se féliciter des deux cents millions d'euros qu'il avait sortis de sa poche pour renflouer les caisses de l'OM ou acheter des joueurs. Oui, môssieu, deux cents millions, et de sa poche, s'il vous plaît. Avec nos efforts pour aider les grands propriétaires et la mécanisation des récoltes, il y aura enfin beaucoup plus de jeunes dans les *favelas* qui pourront ainsi apprendre le beau métier de footballeur vedette et espérer jouer à l'*OM*. D'autre part, s'ouvrira la possibilité pour les héritiers de Robert de financer un peu plus l'*OM* par les économies d'échelle réalisées.

Il y aura bien ici ou là quelques pisse-froid pour vous dire que la solution serait de laisser les Indiens en paix plutôt que piquer leurs terres pour cultiver la canne à sucre. Ou bien encore des ennemis irréductibles de la modernité refusant de reconnaître l'absolue nécessité de développer ces cultures pour produire des agrocarburants. Sans doute les mêmes qui conspuaient les dirigeants d'*ABN AMRO* pour leur aide à la culture de palmiers à huile à Bornéo. Comme s'il y avait des dégâts en Indonésie ! D'autres encore qui iront effectuer directement leurs dons à l'OM pour éviter les intermédiaires. Mais alors ils seront privés du grand privilège « leur permettant de suivre le bienfait d'un parrainage auquel chacun aura contribué en fonction de ses moyens », comme vous l'écrivez si bien.

Vous comprenez donc qu'aujourd'hui j'ai quelques craintes. Les méchantes langues vont encore prétendre que la si formidable action de solidarité de *Société Générale* — ou plutôt celle de son personnel appelé à la charité — n'est qu'une action de publicité destinée à masquer quelques vilenies. Ne serait-il pas alors judicieux d'éviter une mise en avant trop médiatique de cette action charitable ?

Pour ma part, et afin de limiter ces risques, je continuerai à adresser mes dons à des associations soigneusement choisies mais sans passer par la *Société Générale*. Je continuerai à privilégier les économies d'énergie et à acheter mon sucre bio issu du commerce équitable. Sans avoir aucune certitude, j'entretiendrai ainsi mes maigres espoirs d'un monde où l'on saurait privilégier la prévention sur la réparation factice des dégâts causés. Mais pour vous être agréable, j'irai aussi en pèlerinage à Marseille acheter des produits estampillés *OM*.

Je compte bien entendu sur vous pour diffuser cette lettre à l'ensemble du personnel et vous prie d'agréer, Monsieur le Directeur, l'expression de mes respectueuses salutations.

Gaston Deschanel

$$$

Août 2009 : Enfin le retour des bonus. Ce retour méritait bien un petit commentaire…

À Frédéric Oudea, Président,

ÇA Y EST, C'EST REPARTI

Monsieur le Président,

Quelle triste situation : une crise qui étend sa chape de plomb sur un personnel déboussolé, désorienté, démoralisé, le regard las, la cravate mal ficelée et la savate traînante. Dieu merci, voilà que le retour des bonus constitue le signe avant-coureur tant attendu de la reprise de la gabegie mondiale que nos politiques appellent de leurs vœux sous le doux nom de croissance. Cherchant à me documenter pour savoir si ce frémissement atteignait *Société Générale*, j'ai scruté vos déclarations et commentaires. Franchement, vous ne faites pas beaucoup d'efforts : quelques malheureux 200 millions de provisions et quasiment pas un mot. Vous ne souhaitez pas communiquer même en interne sur ce sujet, dites-vous ? Mais où allons-nous si nous n'osons plus parler de ce qui fut la grande gloire de l'époque boutonneuse que nous venons de traverser ? Je vous le demande !

Surtout après le tchat de Jeff, il y a trois mois qui nous avait plongés au trente-sixième dessous. Jeff, vous voyez de qui je parle, pas le remarquable et honorable personnage de la chanson de Brel, celui qui va chez la madame Andrée pour faire marcher le commerce, non le nôtre, le Jeff Sammarcelli, le Directeur des réseaux, celui qui te sabre le moral en annonçant une baisse des bonus de 65 %. Si, si - 65 % qu'il a dit ! C'est là que je me suis rendu compte que les polytechniciens, tous géniaux forcément puisque le génie s'acquiert avec le diplôme, étaient les alchimistes de notre temps transformant l'or en plomb et inversement. Par exemple pour les bonus : il te les plombe des 2/3, mais avec ce plombage il crée de l'or : 340 millions d'actions gratuites qu'il redistribue aux mêmes. C'est-y pas beau, ça ? De là est né le célèbre théorème de Jeff :

Moins de bonus = plus d'actions

Les malheureux qui, comme moi, se sont arrêtés au bac « Mathématiques Élémentaires », ne peuvent rien comprendre à tout cela, exactement comme quand on leur parle de « croissance négative ». Va donc imaginer le blé qui croît en retournant en terre. Heureusement qu'il y a des génies comme Jeff qui s'évertuent à nous expliquer les subtilités et les bienfaits de la finance, avec une patience et un dévouement à toute épreuve.

Jeff, il a dit aussi que la DEC qui obtenait les meilleurs résultats dans le réseau, c'était Ajaccio. Cela prouve deux choses que notre Jeff va devoir mettre en théorèmes, parce que cela dépasse mes possibilités :

1. Ajaccio n'étant pas une DEC mais l'un des rares groupes ancien modèle, il va devenir urgent de le transformer en DEC puis de le rattacher à un PSC pour réduire ses résultats et le ramener dans la norme en vertu du vieux principe bancaire qu'il vaut mieux avoir tort ensemble que raison seul.
2. L'organisation DEC (activité commerciale)/PSC (traitement des dossiers de plusieurs DEC) s'avérant moins efficace que l'ancien schéma des groupes administratifs, il faut accélérer l'industrialisation pour améliorer notre coefficient d'inefficacité (c'est un ratio de polytechnicien, m'a dit mon fils qui n'est lui que docteur ès sciences).

Il paraît que chez *Goldman Sachs* qui reste la banque de référence, le patron a demandé à ses traders de dépenser leurs 11 milliards de bonus avec discrétion. J'aime ces propos de jésuite. Reconnaissons que l'exercice de la discrétion est périlleux. L'intérêt du pognon, du flouze, du pèze, c'est d'apporter la gloire à son auteur quand il l'étale : ah le doux fumet d'un modeste *Hummer*, d'un petit yacht par ci, d'une équipe de foot par là, voire d'un musée à Venise ou d'une cathédrale à Yamoussoukro, et accessoirement une modeste résidence dans un paradis fiscal. Il n'y a que cela de vrai !

Ce qui est affreux, Monsieur le Président, c'est l'ingratitude envers la formidable image sociale que nous permet cette importante distribution de revenus envers des gens dont le « travail » est à 80 % de la plus parfaite inutilité économique. Les médias tenus par de dangereux gauchistes comme Lagardere, Bouygues, Dassault, tirent à boulets rouges sur les malheureux traders, nos dirigeants et leurs bonus.

Cette attitude scandaleuse vise à faire oublier les bienfaits que nous ont apportés tous ces braves bénéficiaires de bonus depuis 10 ans.

La preuve est là :

– Le salaire moyen était en 1997 de 38 204 € et en 2007 de 46 224 €, **soit + 8 020 €.**

– Les 10 plus hauts salaires étaient en 1997 de 10 969 000 € et en 2007 de 70 838 000 €, **soit une progression de 59 869 000 €.**

– L'effectif rémunéré est en 2007 de 40 200 salariés.

Donc, la contribution des 10 salariés ayant les plus hautes rémunérations (tous des opérateurs de marché, puisque le Président Bouton aimait à rappeler dans sa grande modestie que son salaire se situait entre le quarantième et le cinquantième rang) à la hausse du salaire moyen de 1997 à 2007 s'établit à :

59 869 000/40 200 = 1 490 €

Soit en pourcentage 1 490/8 020 = 18,6 %. (c'est beau comme un ancien taux de TVA).

En résumé dix salariés représentant 0,025 % du personnel ont contribué à eux seuls pour un cinquième à la hausse du salaire moyen.

L'image sociale de la banque peut-elle se passer de cette contribution ? Surtout après le départ du frère Mustier qui fut sans doute le plus grand contributeur. Pouvons nous prétendre avoir apporté autant ? Non bien sûr. C'est bien là qu'il est pertinent M. Ricol, notre médiateur national du crédit, quand il dit « un milliard de bonus, pourquoi pas ? Tant mieux si les salariés gagnent mieux leur vie. » C'est ça qui est moral, on ne donne pas d'argent à d'affreux banquiers capitalistes mais à des salariés méritants. Nuance !

Je crois qu'il serait bon, Monsieur le Président, d'initier une pétition de soutien à nos malheureux collègues traders, dont le métier même est menacé aujourd'hui par la mise en place d'automates. Vous pouvez compter sur moi pour faire partie des premiers signataires. Et tant pis pour certains politiques peu doués de sens social qui s'évertuent à mettre à mal un édifice si patiemment construit.

Je vous prie d'agréer, Monsieur le Président, l'expression de mes sentiments respectueux et dévoués,

Gaston Deschanel

$$$

Septembre 2009 : Sur le même thème mais destiné au magazine CFDT Banques.

La presse fait aujourd'hui ses gros titres sur le milliard de provisions passé par la *BNP* en prévision des « bonus » qu'elle devra verser à ses traders. Cela n'émeut pas outre mesure son Directeur Général, Baudoin Prot qui estime respecter les règles du G20, « les bonus devant être liés aux résultats, non aux revenus, avec une part importante différée. » À la *Société Générale*, Frédéric Oudea, échaudé par les désastreuses annonces de début d'année sur les stock-options, juge toute discussion « prématurée » et ne souhaite pas communiquer, même en interne, sur ce sujet. Il est pourtant logique de supposer que l'augmentation de 200 millions des frais de gestion de la BFI (Banque de Financement et d'Investissement) correspond à une augmentation des provisions pour bonus. Nous n'aurons pas le mauvais goût de parler des 11,3 milliards de dollars de *Goldman Sachs*.

Le débat revient ainsi une nouvelle fois sur les aspects moraux et éthiques des niveaux de rémunérations d'une part, et l'incompatibilité entre les aides publiques accordées et ces rémunérations excessives d'autre part ce qui, il faut en convenir, arrange bien nos dirigeants. Pour répondre à la critique, il leur suffit de mettre en avant les contraintes du marché et le risque de fuite des cerveaux outre-Manche ou outre-Atlantique. Sans ces génies qui concoctent les produits dérivés essentiels voire indispensables pour une économie moderne qui entend continuer à progresser, point de salut. Ainsi, que serait devenu notre monde sans l'énergie salutaire qu'a consacrée Bernard Madoff au développement du NASDAQ ?

L'écran de fumée autour des questions éthiques et morales évite donc de poser aux dirigeants de banques la seule question qui vaille, celle de l'utilité économique des multiples produits existants. Car si cette question était posée, au vu de la volatilité de marchés qu'ils sont censés réguler, la seule réponse de bon sens serait : « inutile et absurde ».

Cet « inutile » et « absurde » d'aujourd'hui n'est que la reconduction de l'« inutile » et « absurde » d'hier. Raymond Aron que nul ne peut taxer d'affreux gauchiste résumait ainsi fort bien la pensée de Veblen exprimée à la fin du XIXe : « Les financiers, en trafiquant des titres de propriété, par le recours au crédit et par l'émission de valeurs mobilières, échafaudent des édifices de papier, voués quelque jour à l'écroulement puisqu'ils reposent sur des fictions. En attendant, ils prélèvent sur les authentiques producteurs une dîme exorbitante. Ils freinent l'amélioration du sort de tous, à seule fin d'accumuler les richesses et d'en jouir en les étalant aux yeux de tous. »

Monsieur Ricol, médiateur du crédit, a su trouver dans les circonstances actuelles un justificatif social aux bonus qui est une perle du genre : « Un milliard de bonus, pourquoi pas, tant mieux si les salariés gagnent mieux leur vie, à condition qu'on ait la transparence. » Ainsi, la critique de Veblen envers les banquiers deviendrait insensée puisque le système ne profite pas à d'affreux banquiers capitalistes mais à des salariés méritants. Affligeant…

Madame Obolensky, directrice générale de la Fédération Bancaire Française, a quant à elle déclaré sans rire : « Vous savez, nous sommes des gens comme les autres ! Nous comprenons que certains chiffres choquent parce que ce sont des montants élevés. Mais nous sommes dans des professions commerciales. Il est juste et normal que ces professions soient rémunérées en fonction des résultats qu'elles procurent à leurs entreprises. Il s'attache aujourd'hui au mot bonus un fumet presque de sorcellerie mais je suis désolée, en soi, cela n'a rien de condamnable. »

Tout au contraire, cela n'est ni juste ni normal mais parfaitement condamnable. Toutefois les raisons d'éthique et de morale ne sont que les éléments subsidiaires de cette condamnation. Tout d'abord, comme rappelé au début, les activités des Banques de Financement et d'Investissement sont à 80 % inutiles aux besoins économiques. 80 % des résultats et des rémunérations qui y sont liées constituent de ce fait un prélèvement injustifié sur la richesse produite par d'autres acteurs. Ensuite et surtout, il convient de considérer aujourd'hui plus que jamais toute activité humaine au regard de ses conséquences environnementales. « Les scientifiques considèrent que l'impact d'une société sur l'environnement relève de trois facteurs : démographie, niveau moyen de consommation ou de production par habitant et technologies utilisées. » Quand les banques décident de distribuer à leurs dirigeants et à leurs vedettes de salles de marchés des rémunérations faramineuses mais fictives au regard de l'absence de richesses créées en contrepartie, elles influent sur le niveau moyen de consommation, mais aussi sur la nature de cette consommation et de la production qui en découle. Elles privilégient la production et le financement du superflu pour quelques-uns sur la production et le financement du nécessaire pour tous. Madame Obolensky fait une erreur fondamentale en liant ironiquement bonus et fumet de sorcellerie. L'émission de gaz liée au bonus n'a rien d'aromatique puisqu'il s'agit de CO_2 et de méthane. Il est statistiquement prouvé que le niveau de pollution émis par un individu augmente avec ses revenus.

Quand le patron de *Goldman Sachs* demande à ses traders de dépenser leur bonus dans la discrétion, il tient des propos de jésuite mais ne les invite pas pour autant à un séjour chez les trappistes. Et pourtant, ses propos sont révélateurs de changement : il n'est plus de bon ton de pratiquer la consommation ostentatoire même si la rivalité pécuniaire reste le moteur de nos sociétés.

La question des bonus qui est de nouveau posée relève d'abord et avant tout d'un choix de société qu'il est urgent de faire au regard des enjeux posés par le changement climatique. Francois-Henri Pinault, dangereux écologiste à la tête de PPR rappelait, dans une interview récente, ce consensus des scientifiques selon lequel, d'une part, il nous reste au maximum 10 ans pour agir efficacement et, d'autre part, la première action à mener est celle d'une réduction de notre consommation énergétique.

N'en déplaise aux chantres du retour à l'ordre, cette réduction passe par la réduction des échelles de revenus.

Et le bon sens veut que l'on commence par étêter.

$$$

Novembre 2009 : Une petite mésaventure survenue chez un confrère me donne une occasion unique de rappeler que les procédés de vente des banques ne s'encombrent pas de scrupules. Il n'y a là aucune mise en cause des individus, mais seulement le triste constat que les résultats de la banque déterminés par ses objectifs de vente priment tout.

À Mesdames et Messieurs les DCPP (Directeurs de la Clientèle des Particuliers et Professionnels),

Vous avez vu la dernière enquête de *Que choisir* sur les banques ? Formidable : nous aurions pu être les meilleurs s'il n'y avait quelques gêneurs : *Crédit Mutuel*, *Crédit du Nord* (tiens, tiens) et *Banque Postale*. Mais soyez tranquille, personne n'a de note excellente. Pour la banque postale, c'est facile d'être en tête. Ils sont une banque d'État comme nous étions nationalisés autrefois. Bien trop nombreux, là-dedans. Pas assez de souci du résultat. Pire : certains y ont encore le statut de fonctionnaire. Il convient de faire découvrir d'urgence à ces ignares le bonheur que l'on éprouve à créer de la valeur pour l'actionnaire.

Si j'en parle ainsi, c'est que c'est devenu mon souci quotidien. Tous les matins, je me répète : « Il faut qu'aujourd'hui je crée de la valeur pour l'actionnaire. » Sûr qu'ils iront bien mieux les gens de la postale quand, comme nous, ils se soucieront d'amener leurs clients à la découverte de l'ISF. Ah, qu'ils seront heureux, nos postiers, en Société Anonyme comme tout le monde et bénéficiaires d'une Convention Collective aussi protectrice que la nôtre. Finis les propos désobligeants sur leur comportement de fonctionnaire ! Leur bonheur sera total quand leur propriétaire actuel (l'État) et futur actionnaire, changement de statut oblige, les vendra au profit du bien-être général. Les salariés de la *Banque Postale* iront rejoindre dans le paradis libéral leurs anciens collègues de *France Télécom*, *France Télécom* que seules quelques mauvaises langues syndicales ou médiatiques décrivent comme un enfer ! Quant au *Crédit Mutuel*, chacun sait que ces gens-là font dans la facilité : aucun effort de soutien à l'économie. Pas comme nous qui passons plein de provisions pour « actifs toxiques » car les provisions des banques sont, comme chacun sait, des dons spontanés à l'économie. Oh pardon ! j'oubliais : on ne dit plus « actifs toxiques » mais « actifs hérités ». Sûrement une terminologie inventée par les nostalgiques de Daniel pour lui montrer qu'il est toujours présent dans nos cœurs. Sûr qu'il a dû être content de ce changement de vocabulaire ce cher, très cher, Daniel…

Le *Crédit du Nord* devant la maison mère, vous ne trouvez pas cela désagréable ? Et en plus, il fait partie des trois seules banques où les clients sont satisfaits de leurs chargés de clientèle. Il paraît que le client en a marre des changements fréquents de conseiller. Alors forcément, le *Crédit du Nord* avec son fonctionnement en banques régionales est sacrément avantagé ; les conseillers se déplacent moins. Alors que chez nous, la mobilité est indispensable pour maîtriser les risques. Sans cela, trop d'affectif dans la relation client et un bilan truffé de crédits vendus à des insolvables. De la graine de subprimes en quelque sorte. Devraient pourtant savoir que les meilleures casseroles sont réservées au privilège des grands chefs, et qu'eux seuls ont le droit de s'en vanter. Ah, qu'ils étaient triomphants les communiqués de *SGAM AI* de début 2007 comme celui-ci par exemple :

« Avec cette position de premier plan sur les CSOs, le groupe *SGAM* confirme son leadership mondial et sa présence sur l'ensemble de la gamme des CDOs. La filiale américaine de *SGAM*, *The TCW Group, Inc.*, a été classé premier acteur mondial des *CDOs Cash* par *Fitch Ratings* ainsi que par *Standard & Poor's* » (2 des célèbres agences de notation).

C'était le bon temps, celui où le réseau commercialisait les magnifiques produits structurés concoctés par nos petits génies de la finance incluant des petits bouts de CDO et CDS pour booster le résultat. Aujourd'hui, c'est « CDO et CDS : combien de provisions ? » Et quelques clients grincheux…

Mais restez sereins. Nos clients grinchent, mais la concurrence sait faire pire. Un de mes copains, client de la *BNP*, a demandé à son agence un prêt épargne logement de 15 000 € pour mettre des panneaux solaires sur son toit. C'est important les panneaux solaires pour des banques comme la *BNP* et nous, soi-disant responsables sur le plan environnemental. Le conseiller de la *BNP*, qui a son métier et son éthique sur le bout des doigts, a dit à mon copain : « Si je vous fais le prêt, quelles sont les contreparties ? » Alors mon copain a eu droit à un remarquable exposé selon lequel nos malheureux établissements en général et le sien en particulier n'ont rien à gagner sur les dépôts qu'ils reçoivent ou les crédits qu'ils font. Ses modestes comptes sont totalement sans intérêt (la crise de liquidités du marché interbancaire ne peut être qu'invention de journaliste mal intentionné). Le Conseiller lui a dit devoir demander à sa hiérarchie s'il était possible pour lui être agréable d'obtenir une formidable dérogation : accorder un prêt sans souscription de produit (carte bleue ou assurance). Puisque seules les commissions abondamment prélevées permettent aux banques de survivre. À titre subsidiaire, s'agissant d'un prêt immobilier, la caution de « Crédit logement » était indispensable. La souscription de produits était une condition sine qua non à tel point que le conseiller n'a même pas regardé les justificatifs que mon copain lui avait apportés.

Quelques jours après, mon copain a interrogé son conseiller à la *BNP* par mail. C'était non pour son crédit. Pourtant, quand il ouvrait son espace client *BNP* sur Internet, on lui proposait un crédit conso jusqu'à 15 000 €. Alors mon copain il a saisi tous les renseignements sur Internet, et il a naturellement reçu des offres de prêt *BNP* et *Cetelem*. Marrant, non ? Mon copain a alors écrit à la *BNP* pour lui demander de revoir. On l'a rassuré : son dossier avait fait l'objet d'une étude attentive. La *BNP* est devenue ce jour-là la première banque capable de faire une étude de crédit sans aucun élément, ni devis, ni justificatif de ressources, ni situation d'endettement. Chapeau bas ! Nous sommes encore loin d'une telle performance.

De tout cela, voyez-vous, Mesdames et Messieurs les DCPP, je retiens une leçon : grâce à votre vigilance, nos conseillers n'iront pas se fourvoyer dans ces pratiques condamnables (au sens propre du terme) car la déontologie reste pour vous incontournable. Qu'importe le résultat pourvu qu'on ait l'éthique. Il m'a même été rapporté que certains d'entre vous avaient encadré au-dessus de leur bureau cet extrait de l'article L122-1 du Code de la Consommation :

« Il est interdit de subordonner la vente d'un produit à l'achat d'une quantité imposée ou à l'achat concomitant d'un autre produit ou d'un autre service. »

Je sais aujourd'hui que, grâce à votre vigilance, une telle mésaventure n'aurait pu arriver à la *Société Générale*. Soyez-en remerciés.

Je vous prie d'agréer, Mesdames et Messieurs les DCPP, mes plus sincères salutations,

Gaston Deschanel

PS : Ah ben, zut alors. Je suis contraint de retirer mes remerciements aux 11 DCPP de la DR Lyon et d'attribuer un bonnet d'âne au délégué régional, l'obsédé des PEL (voir ma lettre d'avril 2009). Tous relaient sans sourciller une opération de valorisation des PEL à 4,50 % lancée par la DR.

Pour tout versement on offre des points « filigrane » (un truc de la famille des points de fidélité). Mais il est précisé l'astuce : faire souscrire *JAZZ* (package de produits bancaires) aux non-détenteurs sinon **offre incompatible.**

Transmis pour avis à l'UFC et à l'AFUB.

$$$

Novembre 2009 : Ce texte paru dans le magazine CFDT banques *a été plagié dans une publication d'une autre organisation. Que d'aucuns éprouvent le besoin de me plagier, c'est flatteur. Ce qui m'a ennuyé, c'est la signature qu'ils ont apposée au bas : SUPERCADRE. Comme si Gaston pouvait être SUPERCADRE comme d'autres sont SUPERMAN. Gaston n'est que le modeste inemployé d'une DEC quelconque. M'enfin !*

Au Directeur de la DEC X

Monsieur le Directeur,

Me voilà une nouvelle fois dans une situation cornélienne. Les cinq syndicats de l'Entreprise appellent à une grève le 24/11. Que dois-je faire ? Car cela fait maintenant un peu plus de deux ans que vous ne me donnez quasiment rien à faire. Je représente donc pour l'Entreprise un coût salarial sans contrepartie de travail. Pour que ma participation à la grève soit efficace, il faudrait que je ne la fasse pas puisque l'un des objectifs d'une grève est d'atteindre financièrement l'employeur. Je vous atteins donc plus en ne faisant pas grève.

Mais si je ne la fais pas, les copains vont se dire : « Cet enfoiré de Gaston vient au boulot pour ne rien faire. » Je n'en ferai donc rien et ferai grève avec les copains, ce qui ne peut que vous réjouir. Ne me dites pas merci pour les économies. Je n'agis que par solidarité, dans une conception classique, libérale et bien sûr capitaliste de notre monde au sens que lui donnaient Smith, Veblen, Tocqueville ou Keynes.

Vous ne faites que courir pour tenter d'atteindre les modes de consommation que la classe aisée et dirigeante vous fait miroiter et que vous n'atteindrez jamais, mais l'important est pour vous de continuer dans cette voie quitte à vous y épuiser et à y épuiser vos subordonnés à qui vous tentez d'inculquer les mêmes valeurs. Et cela me dérange. Et ce ne sont pas les 180 000 euros de salaire annuel moyen des cadres HC dont vous faites partie que j'envie.

J'aimerais seulement voir le personnel de cette Entreprise arriver au boulot heureux le matin, les retraités lors de leur pot de départ retrouver la larme à l'œil qu'avaient leurs prédécesseurs et non le sourire béat qu'ils arborent aujourd'hui, avoir des échanges qui ne soient plus réglés par des rituels modélisés de communication, et même parfois de se retrouver dans des activités collectives.

Aujourd'hui, nous ne nageons pas dans le bonheur, mais dans un marigot des postes non pourvus, un arbitraire des objectifs, un stress imposé comme élément d'épanouissement personnel. Ce marigot se trouve peuplé de quelques crocodiles dont vous faites partie s'empressant de dévorer ceux qui passent à leur portée, pour mieux engraisser.

Le client, sa satisfaction, son bonheur sont au centre de vos discours mais vos techniques de vente ne visent « qu'à la création artificielle de besoins illimités à la fois pour les riches et pour le reste de la société, afin que les riches continuent à élever la barre que les salariés luttent pour atteindre. » Qu'importe, votre fuite en avant dans ce toujours plus pour vous même mais non pour la société nourrit la pollution et le réchauffement climatique dont demain mes enfants comme les vôtres crèveront.

Alors, parce que je ne supporte plus votre inconséquence, votre aveuglement, votre abandon de tout sens moral, je serai moi aussi inconséquent et vous offrirai une journée de travail en faisant grève.

Gaston Deschanel

$$$

Décembre 2009 : Comme vous l'avez découvert à la lecture des épisodes précédents, j'adore Dubaï, ses tours, ses îles artificielles, ses golfs, ses patinoires, ses pistes de ski, etc. D'où une tristesse bien compréhensible à l'annonce de la situation financière difficile de l'émirat.

À Frédéric Oudea, Président,

ET À DUBAÏ, ÇA VA ?

Mais que se passe-t-il, Monsieur le Président ? Nos remarquables services de communication seraient-ils devenus défaillants ? Interrogés par un journaliste (sûrement animé de mauvais sentiments à notre égard) sur notre exposition à Dubaï, nos artistes de la communication répondent que nous avons une exposition limitée. Une exposition limitée. Qu'est ce que cela veut dire ? Une exposition quelconque est impossible car incompatible avec nos valeurs. Moi qui relis tous les matins, pour bien m'en imprégner, les principes de la responsabilité sociale et environnementale de *Société Générale* comme d'autres lisent un missel, la Bible ou le Coran, je sais bien que c'est totalement impossible. Comment imaginer que nous participions à la construction d'îles artificielles ? Ou pire, de pistes de ski, de patinoires, de golfs, qui vont être des gouffres de consommation d'eau et d'énergie, je vous le demande. Non, nous construisons des tours HQE (Haute Qualité Environnementale) comme la tour Granite à la Défense, où certes quelques travailleurs clandestins sont venus installer les ascenseurs. Mais pouvions-nous le savoir ? Tout cela est de la responsabilité du sous-traitant du sous-traitant du sous-traitant… Jamais du donneur d'ordre. Le procès AZF vient d'ailleurs de le rappeler opportunément. Mais financer la construction de tours à Dubaï où « des ouvriers immigrés qui ont rêvé de Dubaï comme d'un eldorado, se sont lourdement endettés pour payer visas, voyage, service de recrutement à des agences souvent illégales, et déchantent aujourd'hui dans ce coin de désert devenu, selon qu'on est touriste ou maçon, Las Vegas ou le bagne », jamais ! Totalement incompatible avec notre « prise en compte des critères environnementaux et sociétaux dans les activités de financement et d'investissement » comme il est si joliment dit sur *socgen.com.*

Tout cela pour vous dire, Monsieur le Président, combien j'ai été peiné qu'on eût pu, ne fusse qu'un instant, mettre en cause la solidité de ces engagements. Par acquis de conscience, je suis allé vérifier sur le site de « *SG PRIVATE BANKING* » ce que nous pouvions proposer à Dubaï et j'ai été totalement rassuré par ce que j'ai lu. Que proposons-nous sinon « une gamme complète de produits d'investissement innovants » : produits structurés (y compris des produits à capital garanti ayant comme sous-jacents des titres locaux), une sélection des meilleurs gérants de fonds, opportunités dans le *Private Equity*, les marchés émergeants (*sic*) etc., ainsi qu'« une large palette de services bancaires et de gestion de patrimoine » : financement de projets privés (l'acquisition d'une résidence de luxe en Europe, jets privés, yachts...), création de trusts, etc.

« Des produits à capital garanti avec comme sous-jacents des titres locaux ». Aucun risque ! Les titres locaux en question ont été un peu chahutés ces derniers temps. Mais ils doivent bien être couverts par des machins type CDO ou CDS titrisés quelque part et vendus ailleurs. Forcément... Et puis pratiquer une sélection des meilleurs gérants de fonds, c'est rassurant : ça crée des emplois de maquignons affectés au contrôle des gérants avant l'embauche. Un peu comme le marché aux bestiaux de Chemillé dans mon enfance, le plus gros de la région, où l'on recherchait les meilleurs taureaux reproducteurs. Maintenant, nos maquignons cherchent à sélectionner les meilleurs reproducteurs de pognon. Vérifient-ils les roubignolles des gérants ? Les exposent-ils dans des comices pour qu'un Président de la République puisse leur flatter la croupe ? Je ne sais. Une seule chose est certaine : si les circonstances changent, la philosophie reste.

Quant aux financements que nous proposons, rien à dire : pas d'appartements à Dubaï même. Trop énergivores. Non, nous finançons des produits indispensables à la vie courante : résidences de luxe en Europe, jets privés, yachts. Je me demande comment ces salauds de pauvres peuvent vivre sans ces indispensables petits objets du quotidien à peine polluants. Un malheureux *Falcon 900*, ça ne va guère émettre que 6 kg de CO_2 au kilomètre. 12 fois une *Maserati*. Pas de quoi faire une fixation. Et un petit yacht, pas beaucoup plus, hein. C'est incroyable ce que les esprits chagrins peuvent attacher d'importance à ces petits financements somme toute bien anodins. Disons le haut et fort, Monsieur le Président, nous n'avons d'autre objectif à Dubaï que d'aider de pauvres gens sans pétrole à mener la vie qui s'attache au statut d'émirati. Quant à la création de trusts, elle est indispensable aux transmissions occultes de patrimoine et à la survie des paradis fiscaux, si douloureusement menacés aujourd'hui.

À ce qu'il m'a été rapporté, nous avions envisagé de créer aussi là-bas une banque de dépôts pour permettre aux 500 000 ouvriers bangladeshis, pakistanais ou sri lankais de transférer une partie de leur salaire. Une action sociale forte en quelque sorte, comme nous savons en mener à la maison mère ! Nous avons dû y renoncer. L'opération n'était pas viable. Avec leurs salaires de 100 à 150 euros, il aurait fallu prendre une commission de 10 % sur chaque transfert pour rentabiliser l'opération. Il y aurait sûrement eu une ONG pour crier au scandale. Ces gens-là ne comprennent rien aux dures difficultés du métier de banquier et à nos contraintes : collecter l'argent des pauvres pour le distribuer aux riches, comme ils disaient dans le *New York Times*. Même le soutien appuyé du gouvernement et du Président qui donnent si joliment l'exemple ne permet pas de modifier notre image. Les ouvriers sont des ingrats mais ne l'ont-ils pas toujours été ?

Alors, Monsieur le Président, alors qu'à Copenhague d'aucuns veulent ouvrir une ère nouvelle pour l'humanité, permettez-moi de vous féliciter pour l'action remarquable de *Société Générale* à Dubaï, mais aussi en Inde ou, selon certaines sources, nous finançons *VEDANTA*, compagnie minière réputée pour ses manquements éthiques, dont les remarquables actions en défaveur d'Indiens « arriérés » font l'admiration du monde entier. Croyez que je suis fier de participer à mon modeste niveau à une telle œuvre civilisatrice que j'invite mes lecteurs à découvrir sur les sites de *grain.org* et *humaterra.info* pour bien s'imprégner de sa valeur.

Je suis persuadé que vous saurez continuer dans cette voie et vous prie d'agréer, Monsieur le Président, l'expression de mes sentiments respectueux et dévoués.

Gaston Deschanel

$$$

Janvier 2010 : Voici les vœux reçus de la direction générale.

« J'ai vécu cette année 2009 comme une année difficile, probablement comme nous tous. Le métier de banquier est aujourd'hui très critiqué et il faut que l'on arrive à lui redonner ses lettres de noblesse. Il va falloir montrer à nos clients, tous les jours, tout ce que nous apportons à la collectivité. Nous allons construire ensemble un environnement de travail à la fois performant et motivant, pour que chacun d'entre nous soit heureux de venir travailler à la *Société Générale* le matin. »

Frédéric Oudea, Président.

« Je souhaite que chacun d'entre nous trouve un meilleur équilibre entre sa vie personnelle et sa vie professionnelle. Ceci passera par une plus grande confiance entre nous et une plus grande coopération. Essayons de retrouver une année 2010, où chacun est capable de sourire tous les jours. »

Séverin Cabannes, Directeur Général Délégué.

« J'aimerais qu'en 2010, nous mettions un petit peu en recul l'image de la banque, ce grand animal froid, pour mettre en avant une entreprise citoyenne, au service de ses clients. Le slogan que nous avons choisi dès 2006, " On est là pour vous aider ", nous souhaitons le mettre en pratique plus que jamais en 2010. Et c'est en aidant nos clients que nous nous aidons nous-mêmes à prendre plus de plaisir dans notre travail au quotidien. »

Jean-François Sammarcelli, Directeur Général Délégué.

« J'aimerais que cette nouvelle année soit marquée par une plus grande qualité de relation avec nos clients. L'image des banques a souffert de la crise financière et économique, celle de BDDF n'y a pas échappé. Il nous faut maintenant, tous ensemble, la restaurer et reconquérir l'estime, la satisfaction de nos clients. Nous y parviendrons à travers nos actes quotidiens : en renforçant la proximité avec nos clients, en répondant mieux à leurs attentes, en améliorant la qualité de nos prestations, en nous demandant chaque jour comment tenir notre promesse " On est là pour vous aider. " »

Jean-François Sammarcelli, Directeur Général Délégué,(2e mouture).

« Je trouve dans le groupe *Société Générale* un environnement humain d'une qualité et d'une diversité formidable. Travailler à l'international nous permettra de développer de nouvelles opportunités, de nouvelles idées et de trouver des territoires de croissance et de construction pour notre avenir. Pour moi, ce n'est pas une année qui commence, c'est une véritable aventure. »

Bernardo Sanchez Incera.

« Je souhaite que nous arrivions à développer une image de notre banque plus solidaire, plus ouverte et plus respectueuse des valeurs humaines. C'est à nous de créer un effet d'entraînement, c'est à nous de donner le goût d'agir ensemble. Je vous souhaite à tous une année comblante et enthousiasmante. »

Didier Alix, ancien Directeur Général Délégué, conseiller du président.

Ceci méritait bien qu'ils en soient remerciés.

Au club des Cinq,

Frédéric Oudéa (dit Frédo), Séverin Cabannes, Jean-François Sammarcelli (dit Jeff), Bernardo Sanchez Incera, Didier Alix (dit Didi),

Vous avez fait fort, les gars ! Quels vœux : il faut « recréer un environnement de travail pour que chacun d'entre nous soit heureux de venir travailler le matin » selon Frédo ou « essayer de retrouver une année 2010, où chacun est capable de sourire tous les jours » selon la formule de Séverin. Là, ça va être coton. Parce que pour retrouver l'année 2010, il faudrait qu'elle se fût écoulée. Forcément ! Séverin voulait parler d'une année antérieure mentionnée dans de vieux grimoires où chacun souriait tous les jours. C'est pas sorcier. À moins qu'il n'ait pas osé écrire : « Essayons de faire une année 2010 où chacun est capable de sourire tous les jours. » Si les vertus de la nostalgie face au changement gagnent aussi la Direction Générale, où va-t-on ?

Quand même, je tiens à saluer le travail des communicants qui avaient fixé à notre équipe de Direction un objectif de vœux centrés sur « le bonheur de travailler, prendre du plaisir à travailler, sourire au travail. » Notre Directeur Général Délégué en a même rajouté en nous invitant « à développer une image de notre banque plus solidaire, plus ouverte et plus respectueuse des valeurs humaines. » Depuis le temps qu'il dirige PAEN, il aurait pu se l'appliquer à lui-même, non ?

Pour les rois de la com, le challenge est réussi, mais « crés vains dieux » je m'interroge : pourquoi ce changement de ton ? Le baromètre *SG* serait-il plus désagréable que ne le laissait entendre l'interview de Frédo sur *SOGENEWS* ? 38 % des 83 000 sondés prêts à recommander la *SG* à leurs proches et 39 % faisant confiance à leur hiérarchie, ce n'est pas un brillant résultat ? La centralisation à Paris de 35 milliards d'actifs toxiques (attention Fredo quand tu causes à la presse, on dit « hérités » maintenant) qui permet au contribuable français de poursuivre dans la durée son effort en faveur de ses banquiers serait-elle mal vue de la clientèle ? L'annonce de 1,4 milliard de provisions nouvelles peu appréciée des actionnaires ? Sans parler de TCW, notre remarquable filiale américaine de gestion d'actifs ! Vous avez bien fait d'adopter un ton gentil et même très gentil plutôt que les discours conquérants et agressifs habituels.

L'ennui est que vos services de com ont complètement oublié de décliner les consignes de prudence aux hiérarchies intermédiaires dans les vœux et messages de début d'année. Nous avons eu droit en ce début 2010 à quelques lignes, messages et actions particulièrement gratinées. Il serait dommage de ne pas vous faire part de quelques-unes de ces œuvres qui n'ont pour seuls objectifs que « restaurer l'image de BDDF et reconquérir l'estime, la satisfaction de nos clients » comme dit Jeff.

À la rubrique des modestes, nous trouvons la Direction de la DEC de Bordeaux Intendance qui se contente d'un challenge organisé entre les différentes UC sûrement en application des inénarrables vœux de Didi : « C'est à nous de créer un effet d'entraînement, c'est à nous de donner le goût d'agir ensemble. » À Bordeaux, l'agir ensemble se conçoit comme une division en équipes entrant en compétition (*sic*) sous couvert d'une animation commerciale.

Article 1 : La DEC de Bordeaux organise, **du 4 janvier au 31 décembre 2010**, un challenge dénommé Arc-en-ciel, destiné à **valoriser l'esprit d'équipe** et les **performances commerciales** des 7 UC de la DEC de Bordeaux, au travers d'une animation de vente multiproduits par marché. Ils en ont de la chance, ça va durer toute l'année.

Un étage au-dessus, le Délégué Régional de Lille qui lance ses DEC dans plusieurs challenges dès le 2 janvier, après avoir tanné en décembre les salariés avec la campagne de Noël. Image ordinaire de cette culture de la violence venant d'en haut qui envahit notre quotidien. Il n'y a plus de confrères mais des concurrents que l'on va bouffer. Il n'y a plus de collègues mais des compétiteurs dans les challenges de l'entreprise. « On va les niquer » est le mot d'ordre plus ou moins avoué des réunions dites d'animation commerciale. On est bien loin de la formule de Séverin : « Je souhaite que chacun d'entre nous trouve un meilleur équilibre entre sa vie personnelle et sa vie professionnelle. Ceci passera par une plus grande confiance entre nous et une plus grande coopération. » Mots creux !

Mais la palme de la stupidité et de l'inconscience cumulées revient ex aequo aux directeurs des DEC de Brive et du Mans.

Que nous dit le Mansot ? Oh pardon ! Le Manceau…

« Je ne vous cache pas que je suis parfois surpris de rencontrer encore, ici ou là, des réticences au changement voire de l'inertie dans l'action au lancement de campagnes commerciales. Je suis et je resterai avec mes collaborateurs directs, particulièrement attentifs à aider celles et ceux qui n'auraient pas saisi toute l'acuité d'une rigueur nécessaire et d'une discipline bien comprise, c'est-à-dire empreintes de l'esprit solidaire qui, seul, permet d'avancer tous ensemble au meilleur rythme. »

Voilà pour nos collègues du Mans une année qui commence clairement sous le signe de la menace. Qu'ils se rassurent toutefois : le travail (surtout dans l'ordre et la discipline) rend libre, c'est bien connu et certains en ont fait une devise. La résistance au changement qu'exècre leur patron n'est que le refus plus ou moins conscient de changements qui, ne visant que la rentabilité à court terme, menacent l'entreprise, l'emploi et la planète. La « conduite du changement » dont on nous bassine y compris dans le fameux baromètre *Sogenews* n'est qu'un euphémisme de consultant pour faire accepter l'inacceptable.

Et notre petit Yannick à Brive, dont j'ai déjà eu plaisir à citer quelques messages, que nous fait-il cette fois ? Si le 24 décembre 2009, il envoie des vœux répondant aux critères de gentillesse à tout son personnel, il le gratifie aussi d'un message autrement révélateur :

« Merci de relire attentivement mon message repris ci-dessous car l'agence de X vient de " subir " une nouvelle pénalité de X 000 € ! Total pour la DEC en 2009 : **Y 000 € de pénalités** !!!!!

Et Périgueux, notre voisin, lui empoche un bonus de Z0 000 €…

Je crois que ça suffit : prochaine pénalité = lettre de mise en garde à l'intéressé, ce qui veut dire part variable à zéro…

À bon entendeur… »

J'ose espérer, mon cher Yannick, que tu as transmis cette proposition à la DRH qui, négociant aujourd'hui avec les organisations syndicales des critères d'attribution des parts variables, ne pourra que prendre en compte cette remarquable et subtile suggestion imposée par le malheureux abandon du knout. Pour ma part, je te souhaite très sincèrement d'échouer dans ton projet d'ouverture six jours sur sept par création d'équipes, car là où tu l'as mis en place précédemment, tes successeurs ont dû faire marche arrière devant le désordre généré par ta grande idée.

Alors, joyeuse année à vous cinq. Faites que vos vœux ne soient pas seulement des intentions de début d'année reléguées à la première occasion.

Joyeuse année aussi aux responsables qui, adressant leurs vœux dans le cadre habituel, ont su garder le langage de la raison et de la décence comme à Grenoble, au PSC Strasbourg, à Angoulême, Agen, etc. Prière de m'excuser : je ne puis les citer tous.

Joyeuse année également à tous mes fidèles lecteurs, avec une pensée particulière pour ceux qui prennent le soin de m'adresser les informations sans lesquelles cette lettre ne pourrait exister à l'adresse de : *gaston.deschanel@orange.fr*

$$$

Mars 2010 : À travers ce portrait-mélange, un regard ironique sur les déclinaisons des irresponsabilités dans la banque et malheureusement la quasi-impossibilité qui en découle d'espérer des modifications des comportements.

Rédigé avec l'aide de M. Jean de la Bruyère. Toute ressemblance avec des personnages ou des situations existantes ne peuvent, bien entendu, qu'être pure coïncidence. Encore que…

PORTRAIT D'UN DIRECTEUR ANONYME

Monsieur de Cordiaresse avait eu le bonheur d'être nommé par trois de ses supérieurs afin de rejoindre la méritocratie de l'Entreprise qu'on appelle les « hors classes ». À la *Société Générale*, il est de règle ancienne que les élites en place définissent elles-mêmes les principes de reconnaissance du mérite — à travers le cursus cadres par exemple — et choisissent ceux qui sont dignes de les rejoindre. « Il est propre à tout », ont dit ses trois promoteurs, ce qui signifie qu'il n'a pas plus de talent pour une chose que pour une autre ou, en d'autres termes, qu'il n'est propre à rien, ce qu'ils étaient eux mêmes lors de leur aspiration dans l'élite.

De par ce nouveau titre, Monsieur de Cordiaresse s'était vu confier au nom de l'empereur Frédéric 1er, la charge d'une petite baronnie de province. Son accession à « l'aristocratie » ne l'avait pas conduit pour autant à comprendre la définition qu'en donne Montesquieu : « le gouvernement d'un petit nombre d'hommes ou de plusieurs soit parce que l'autorité est entre les mains des meilleurs gens de bien, soit parce qu'ils en usent pour le plus grand bien de l'État et de tous les membres de la société. »

L'usage qu'il en faisait en était bien loin.

La baronnie était petite certes mais d'un haut rendement qu'il lui était demandé de maintenir. En cette période difficile où les gueux en recherche d'emploi, de pain ou de logement se multipliaient, Monsieur de Cordiaresse s'échinait, comme tous ceux de sa classe et fonction, à gérer les contradictions naissant de son devoir : promouvoir l'intérêt de la banque en donnant l'impression de respecter les gueux, qui pouvaient être soit membres de l'Entreprise — on les appelait alors le « petit personnel » — soit des clients désignés alors sous le terme de « grand public ». Dans ce monde où la multiplication des gueux inemployés entraînait celle des gazettes révolutionnaires appelées blogs, il lui appartenait de veiller à maintenir l'image de la banque. Moult consignes en ce sens lui parvenaient. Elles émanaient de la Cour impériale, polluant le métier d'un vocabulaire totalement étranger à Monsieur de Cordiaresse, comme « déontologie », « socialement responsable », « responsabilité sociétale », « responsabilité environnementale », etc. Monsieur de Cordiaresse exécrait ces mots qu'il ne comprenait point.

À sa décharge, il faut reconnaître qu'il s'était évertué à chercher un sens à leur donner. Il était même allé au-delà s'interrogeant sur les actions à mener pour être en conformité. Il en était arrivé à cette conclusion terrible : l'Empereur, prisonnier d'un jeu d'opinions, ne pouvait exprimer librement sa pensée ni engager les actions qu'il souhaitait vraiment. Privé de liberté d'expression et d'action, l'Empereur déléguait à ses méritocrates le soin d'interpréter sa pensée et d'agir comme il aurait pu le faire lui-même dans l'intérêt du seul être vraiment digne de reconnaissance et d'amour : l'actionnaire.

Monsieur de Cordiaresse, qui n'était point sot, avait décodé ce message à la lecture des vœux impériaux et des membres proches de la Cour qui avaient été adressés à l'ensemble des gueux du personnel. Quel sens pouvait-il donner à des formules aussi absurdes que le bonheur de venir travailler le matin, sourire au travail, prendre du plaisir au travail ? Bon sang, mais c'est bien sûr : le mot que répètent l'Empereur et les princes dans leurs formules, ce n'est pas sourire ou plaisir ou bonheur mais travail. Travail, travail, travail encore et toujours.

Cette découverte mit de fort belle humeur Monsieur de Cordiaresse. Il sut ainsi que tout devait continuer comme avant. Cette belle humeur lui fit toutefois commettre une légère erreur. À l'un des gueux de son personnel qui osait se prévaloir des vœux de la Présidence pour exercer son métier dans le sens officiellement affiché d'aider les clients par des conseils répondant à leurs besoins et non à ceux de la banque, il s'empressa de répondre : « Vous n'avez rien compris, ces vœux ont un caractère officiel et sont destinés à la presse. »

Monsieur de Cordiaresse soucieux de plaire en haut lieu rechercha comment mettre un peu de gaîté dans le quotidien de sa troupe de gueux pour obtenir les sourires au travail tant souhaités par la Cour. Que faire pour cela ? C'est en pédalant que la réponse lui vint — il avait en effet adopté le vélo par admiration pour le Président de la République, dont la célèbre formule « travailler plus pour gagner plus » était devenu son credo — : affubler les challenges de présentations sportives ou ludiques pour en faire oublier l'objet réel. Ainsi naquirent « le jeu de l'oie, le Tour de France, le rallye du merlan, les championnats de France, la résistance du village gaulois » et autres fadaises. Dans cette campagne de la bonne humeur, les DEC se métamorphosaient sous la dynamique impulsion de M. de Cordiaresse et des autres méritocrates en LUDODEC. Le réseau devenait, grâce à eux, un paradis du jeu.

À cette pensée, Monsieur de Cordiaresse ne se sentait plus de joie. Une ombre ternissait toutefois son bonheur. Il avait perçu à tort de son Comité d'établissement quelque deux mille euros et il se refusait depuis un an à les rembourser. N'était-il pas de justice impériale que les sommes versées même indûment restassent entre ses mains. N'était-il pas à même d'en faire un bien meilleur usage que la gueusaille ? Pouvait-on ramener sa condition à celle du client lambda débiteur dans les comptes de la banque pour lequel les poursuites s'imposaient ? Monsieur de Cordiaresse n'était-il pas, de par son statut, au-dessus de tout cela et son bon plaisir l'expression de la volonté divine ? Certain de sa dette, sûr de son mauvais droit et nullement décidé à la rembourser, Monsieur de Cordiaresse avait ainsi engagé une négociation pour ne s'acquitter que d'une partie. Mais qui pourrait le blâmer d'appliquer, en régime méritocratique, une justice de droit divin ?

Monsieur de Cordariesse, sûr de l'immuabilité du monde qui l'entourait, étudiait maintenant la création d'un nouveau jeu doté d'un prix unique, un séjour à Dubaï que la chute des prix vers cette destination touristico-financière permettait. Le principe était simple : chaque semaine, les résultats individuels de chacun seraient communiqués à tous les membres de l'équipe de commerciaux. Ensuite, l'équipe voterait pour l'un d'entre eux à éliminer, celui considéré comme étant le maillon faible, ou à éliminer pour des raisons stratégiques. Quand deux seulement resteraient, ils seraient départagés par leurs résultats propres.

Monsieur de Cordiaresse était heureux de sa trouvaille qui devait, il en était persuadé, le propulser en tête du challenge des *LUDODEC*. La remise des prix prévue au festival des méritocrates de Deauville s'annonçait heureuse.

Ainsi allait Monsieur de Cordiaresse heureux de la vanité de son monde et sereinement porteur de la sienne propre.

Gaston Deschanel

$$$

Juin 2010 : La course à la vente n'arrête jamais. Alors que les campagnes en cours pour l'assurance IARD (Incendie, Accidents et Risques Divers) ne sont pas terminées et nous valent profusion de messages agressifs comme celui-ci le 11/06 :

Ce matin, je jette un œil sur la production de l'UC, mais un œil suffit !

Nous sommes encore très très éloignés du minimum imposé et de ce que nous devons produire pour récupérer notre retard.

J'ai la conviction que mon message n'a pas été très bien perçu par certaines et certains. Jusqu'à présent j'étais dans une phase de constat et je vous ai fait partager mon ressenti.

Visiblement je n'ai pas été assez clair !

Alors je rappelle qu'il est inadmissible pour un conseiller BG de finir la semaine avec O produit (mini-hebdomadaire : 15 produits). De même, un conseiller GP qui n'assure pas au moins 5 RV jour et affiche 20 à 25 produits par semaine, n'est pas dans la moyenne *SG*.

Je vous demande de vous remobiliser sérieusement et de contribuer à votre niveau, au résultat de votre Agence et de l'UC.

Et surtout ne venez pas me dire que vous êtes débordés. J'ai comptabilisé les RV individuels depuis le début de la semaine…

Dans le même ordre d'idée, nous avons lancé la semaine IARD. La prise de RV est effective depuis 2 jours.

Merci de ME RÉPONDRE par retour pour m'informer du nombre de RV déjà pris.

Du même, toujours le 11/06 à propos des cartes bancaires :

Quand je vous dis être inquiet sur la portée de mon message…

Merci de donner des DIRECTIVES PRÉCISES pour que les cartes souscrites soient à débit différé.

TOUTE CARTE SOUSCRITE AVEC DÉBIT IMMÉDIAT DOIT ÊTRE SOUMISE À MON VISA.

Le client n'a qu'à bien se tenir.

D'un autre, toujours le 11/06 :

Il est impératif que chaque client entrant dans l'agence ressorte au minimum avec un devis Auto ET un devis MRH.

Toujours le 11/06 :

3e semaine d'affilée que je reçois ce type de message du Délégué… : « Merci de proposer le PEL à tous vos clients que vous rencontrez en plus de l'IARD. »

Et voici que le Directeur des réseaux en remet une couche parce que nous ne vendons pas assez de cartes DD (cartes à débit différé) dans un courrier aux délégués et directeurs régionaux :

« **Concernant le stock de cartes DD**, les différentes actions qu'il vous appartient de mettre en place doivent conduire à **accroître rapidement et significativement le nouvel Indicateur Commercial Prioritaire portant sur la part des cartes à débit différé dans le stock de cartes de paiement**. »

Les caractères en gras le sont dans la lettre d'origine, bien évidemment.

À Jean-François Sammarcelli, Directeur de BDDF,

Monsieur le Directeur,

Je viens de lire votre dernière lettre aux barons concernant les cartes à débit différé. Avec intérêt comme il se doit ! Mieux même, avec gourmandise !

Ainsi, notre équipement en cartes à débit différé avec une part de 31 % dans le stock des cartes de paiement et de 22 % sur les flux accuse un retard manifeste par rapport à la concurrence qui se situe aux alentours de 60 %. Respectueux plus que jamais de la hiérarchie, je n'ai pas l'outrecuidance de mettre en cause vos affirmations mais j'ai quand même l'impression que vous oubliez quelques détails, ce qui me chagrine car vous nous nous avez habitués à plus de rigueur. Mathématique, la rigueur, seulement mathématique. Pour que vos chiffres commencent à présenter un début d'intérêt, il vous faut communiquer le niveau du stock et le volume des flux. Ainsi, par exemple, si notre stock de cartes rapporté au nombre de clients est le double de la concurrence, il nous faut pour maintenir ce rapport vendre 1 000 cartes quand la concurrence en vend 500. Et dans ce cas, toutes choses égales par ailleurs, 31 % de notre flux de 1 000 cartes représentent 310 cartes quand 60 % du flux de 500 cartes de la concurrence n'en représentent que 300. Qui c'est les meilleurs ? C'EST NOUS, nanana nanère… Suffit donc d'avoir une offre attractive et une publicité adéquate. Comme *Boursorama* !

Les données en pourcentage n'ont de sens qu'avec la connaissance du numérateur et du dénominateur. Si vous n'expliquez pas cela aux barons, ils vont se focaliser sur « il faut vendre plus pour aller au-delà de 31 % », se tirer la bourre pour regarder lequel progresse le plus, compliquer la vie des commerciaux à coups de challenges, messages cons, défilés des meilleurs vendeurs sous les applaudissements obligatoires des collègues humiliés, et autres âneries habituelles. Et ils vont prendre pour argent comptant les motivations que vous leur exposez. Je les rappelle : « Ce retard traduit une **insuffisante prise en compte du besoin de nos clients** qui se voient placer trop systématiquement des cartes à débit immédiat, notamment s'agissant des détenteurs de cartes haut de gamme pour lesquels une telle pratique m'interpelle tout particulièrement. »

Voilà un propos bien vicieux. Pour ce qui concerne les cartes haut de gamme (*Infinite* et *Premier*), en quoi le fait qu'elles soient à débit immédiat ou différé est-il de nature à vous poser problème puisque le prix de la cotisation est le même ? Vous dites que « les enjeux financiers sont importants avec une différence de l'ordre de 10 € entre une carte à débit immédiat et une carte à débit différé. » À cotisations égales, que la carte soit à débit immédiat ou différé, le problème des enjeux financiers ne se pose donc pas. La pratique vous interpelle-t-elle uniquement parce qu'elle recouvre une « insuffisante prise en compte du besoin de nos clients » ? Mais quel besoin ? Il faut cesser de juger nos clients à l'aune de vos propres ambitions. Ils ne sont pas tous à courir après le statut social qui s'attache au petit rectangle de plastique. Si leurs besoins le justifient, ils sauront d'eux-mêmes nous contacter pour que nous y répondions.

Répondre au besoin du client, c'est bien ce que vous attendez de nous, Monsieur le Directeur, si j'en crois votre prose de début d'année que j'ai toujours tant de bonheur à relire :

« J'aimerais que cette nouvelle année soit marquée par une plus grande qualité de relation avec nos clients.

L'image des banques a souffert de la crise financière et économique, celle de BDDF n'y a pas échappé. Il nous faut maintenant, tous ensemble, la restaurer et reconquérir l'estime, la satisfaction de nos clients. Nous y parviendrons à travers nos actes quotidiens : en renforçant la proximité avec nos clients, en répondant mieux à leurs attentes, en améliorant la qualité de nos prestations, en nous demandant chaque jour comment tenir notre promesse " On est là pour vous aider. " »

C'est sûr. Notre image va s'améliorer en recommençant, si tant est qu'elle ait cessé ou se soit ralentie, la chasse au client qui ne rapporte pas assez. Certains l'ont déjà mis en application comme celui-ci qui, épluchant les agendas des conseillers dépendant de son autorité, constate que « nous subissons encore les RV et ceux-ci se concrétisent par une approche mono produit qui constitue le besoin du client. Nous devons absolument inverser cette tendance et comme je vous l'ai déjà demandé, je souhaite que vous consacriez au moins 2 jours par semaine à recevoir des clients non vus depuis moins d'1 an. » Ou cet autre : « IMP à 77, n'est-ce pas un peu ridicule pour une agence comme…, sachant que… en fait autant avec 4 fois moins de personnel. Merci de reprendre rapidement l'activité, toute l'activité !!! Je vais revenir vers chaque personne n'ayant pas réalisé de contrats IARD depuis le début de l'année, et celles ayant 1 contrat et nous ferons ainsi le point en tête à tête. Pour ces personnes, il faudra d'excellentes excuses pour me convaincre. Les CC ayant aussi une production faible, d'autant que tout le monde me dit avoir rdv sur rdv… BIZARRE... »

Là encore, ces crétins de conseillers ne prennent de rendez-vous qu'à la demande du client. Comment s'en sortir, je vous le demande ? Ah, qu'ils vont être heureux nos clients de recevoir des sollicitations téléphoniques de leur banquier ! Eux qui reçoivent si peu d'appels pour d'intelligentes offres commerciales d'où qu'elles viennent. Surtout quand nous leur expliquerons que nous cherchons à reconquérir leur estime.

Sourire et bonheur assurés.

En attendant, mon cher Jeff, je crois que mon indice de satisfaction vis-à-vis de la banque va s'améliorer, grâce à votre initiative. Mon épouse et moi sommes titulaires d'un compte joint sur lequel nous possédons l'un et l'autre une carte à débit différé. Nous allons transformer l'une des deux en débit immédiat. Il n'y a pas de petites économies, n'est-ce pas ? Pour l'autre, nous allons ouvrir un compte chez *Boursorama* puisque la carte *premier* y est gratuite. Nous réaliserons ainsi des économies mais surtout nous améliorerons notre image chez les commerçants grâce au changement de couleur du petit rectangle de plastique. Notre statut social va ainsi s'améliorer. Les caissières de *Lidl* — je n'ai plus les moyens de faire mes courses ailleurs — vont enfin s'incliner respectueusement devant nous.

Qui plus est, nous ne contribuons pas ainsi au maintien et au développement du réseau en choisissant la banque en ligne. J'espère que cette modeste contribution à votre programme de suppression de postes dans le réseau sera rémunérée d'une augmentation salariale conséquente.

Je vous prie de croire, Monsieur le Directeur du Réseau, en mes sentiments respectueux et dévoués,

Gaston Deschanel

$$$

Juillet 2010 : Cela suffit. Un peu de marketing direct et réaliste ne peut pas faire de mal.

Madame, Mademoiselle, Monsieur,
Chère cliente, cher client,

La semaine dernière, je vous ai téléphoné pour prendre rendez-vous avec vous. Comme d'habitude, je suis tombé sur votre répondeur. Bien que je vous aie laissé un message, vous ne m'avez pas toujours pas rappelé.

Sous prétexte que vous avez déjà un compte chèques, un livret A au plafond, deux Codevi au plafond également — l'un pour vous, l'autre pour votre conjoint — une carte bleue à débit immédiat, un prêt immobilier, une assurance habitation et un compte épargne logement, vous vous croyez permis de ne pas donner suite à mes appels. Je vous avoue franchement que cela commence à bien faire.

J'ai quelque chose à vendre. Votre devoir de client est de me l'acheter. Sinon, où allons-nous ? Je vais donc faire le point de votre situation et vous indiquer les bons comportements à adopter en fonction des incontournables contraintes de la banque.

Commençons par votre carte bleue. Il serait de bon ton de changer cette carte actuelle à débit immédiat pour, au minimum, une carte premier. En effet, notre établissement souffre d'un manque de commissions dans ce domaine, comme l'a fort justement relevé notre si remarquable, merveilleux, extraordinaire, génial, directeur des réseaux (dont je sollicite le pardon pour l'insuffisance de mon vocabulaire dans l'expression de ses incommensurables mérites). Passer de votre carte actuelle à une carte premier nous permettra de vous facturer annuellement 127 € au lieu de 32 €. Une seconde carte pour votre conjoint est indispensable. Pas une carte à débit immédiat car il me faudrait demander l'accord de ma hiérarchie, comme l'indique le message suivant adressé à mon directeur d'agence par le grand chef : « **Merci de donner des DIRECTIVES PRÉCISES pour que les cartes souscrites soient à débit différé. TOUTE CARTE SOUSCRITE AVEC DÉBIT IMMÉDIAT DOIT ÊTRE SOUMISE À MON VISA.** » Les majuscules ne sont pas de moi, vous voyez donc l'importance du sujet. Et nous avons eu une piqûre de rappel deux jours plus tard : « **18,52 % de cartes à débit immédiat cette semaine… JE N'AI RIEN SIGNÉ ! Merci de faire le nécessaire.** » Vous mesurez l'urgence, j'espère…

Après la carte bleue, vos contrats d'assurance. Seulement une assurance habitation !!! C'est nettement insuffisant, on revoit. Pour cela, vous allez m'accorder un rendez-vous puisque, là encore, j'ai reçu des instructions. Je vous les livre : « **Et surtout ne venez pas me dire que vous êtes débordés. J'ai comptabilisé les RV individuels depuis le début de la semaine… Dans le même ordre d'idée, nous avons lancé la semaine IARD. La prise de RV est effective depuis 2 jours. Merci de ME RÉPONDRE par retour pour m'informer du nombre de RV déjà pris.** » J'informe donc de ce pas sa majesté financière : j'ai rendez-vous avec vous. Et ne croyez pas vous en sortir en venant à l'agence en catimini mon jour d'absence hebdomadaire pour cause de temps partiel parce que les consignes valent aussi pour les collègues. « **Il est impératif que chaque client entrant dans l'agence ressorte au minimum avec un devis Auto ET un devis Multi Risques Habitation.** » Pas la peine de me dire que vous avez l'assurance habitation, il manque l'assurance auto. Et surtout, ne cherchez pas à fuir sous prétexte que vous êtes débordé… de sollicitations.

Après le contrat d'assurance, l'Épargne logement. Vous ne croyez tout de même accomplir votre devoir envers la banque avec un malheureux livret. Un plan s'impose d'urgence, voire deux avec un pour le conjoint. J'ai en effet un challenge en cours initié par le délégué régional, celui que je surnomme l'obsédé du PEL, et il suit les résultats toutes les semaines, le bougre. Bref, là encore, il y a urgence. Et vous avez intérêt à vous presser si vous voulez bénéficier de l'offre promotionnelle : le CERTIPEL gratuit la première année. Le CERTIPEL, c'est l'assurance-vie de votre PEL. Vous claquez accidentellement et hop, vos héritiers perçoivent en assurance un montant équivalent au solde du plan. Pour 25 € par an et 35 % de marge pour la banque ! Les 65 % restants vont chez l'assureur, filiale à 100 %. C'est-y pas beau, çà ! Là, on fait notre beurre. Il sera bon de souscrire également un *Certicompte* et un *Certi* livret A où les marges sont un peu meilleures : 38 %. Et toujours le solde chez l'assureur. Oui ? Je sais, le taux de redistribution aux assurés est de 25 % contre 85 % à la Française des jeux. Mais il faut bien vivre. Faites un petit effort, que diable ! Votre résistance insensée à la souscription de produits m'amène à recevoir ceci :

« **Ce matin, je jette un œil sur la production de l'UC, mais un œil suffit ! Nous sommes encore très très éloignés du minimum imposé et de ce que nous devons produire pour récupérer notre retard. J'ai la conviction que mon message n'a pas été très bien perçu par certaines et certains. Jusqu'à présent j'étais dans une phase de constat et je vous ai fait partager mon ressenti. Visiblement je n'ai pas été assez clair !** »

Ou ceci :

« **Nous vous faisons parvenir quotidiennement des messages sur les produits «PRIORITAIRES». Visiblement ils ne sont pas lus ! Ce matin, pour l'UC : Prévoyance : 3**
IARD : 2
CB à débit différé : 11/24 soit 45,83 %

Ceci est d'autant plus inadmissible que certaines Agences sont à ZÉRO. Merci de tout mettre en œuvre afin d'extérioriser des résultats plus conséquents. »

Voilà les conséquences de votre comportement irresponsable de sale client égoïste. Oui, les géniaux managers qui écrivent cette prose remarquable que je vous ai citée méritent une carrière fulgurante. Il est intolérable que vous puissiez continuer à nuire à leur avancement. J'attends donc de vous une prompte réaction et la souscription d'urgence des produits cités dans la présente. Vous passerez vendredi à 15 heures à mon bureau pour signatures.

Dans cette attente, je vous prie d'agréer, chère cliente, cher client, l'expression de ma considération distinguée

Votre Conseiller
Gaston Deschanel

$$$

2 octobre 2010 : La restructuration nouvelle est arrivée. Le projet « Grand Public » qui se met en place vise à la réduction d'effectifs par une nouvelle segmentation de clientèle basée comme il se doit sur le niveau de fortune ou de revenus. Si vous êtes pauvre, vous êtes une catastrophe chronophage qui vient trop souvent s'enquérir de l'arrivée des virements des allocations familiales ou de pôle emploi. Les mesures nécessaires sont donc aujourd'hui prises pour vous permettre de choisir un établissement digne de votre statut qui ne peut donc être la Société Générale : *la suppression d'un millier de postes de chargés d'accueil. Ajoutons à cela la création des agences sans caisses tenues par un seul individu et dont l'activité est alors le conseil (traduisez la vente).*

À Yann Statick,
Directeur imaginaire de DEC

Monsieur le Directeur,

Je viens vous remercier de la proposition d'avancement que vous venez de me faire. Entré il y a maintenant trente-sept ans dans cette magnifique entreprise, je n'avais jamais osé espérer atteindre la fonction de Directeur d'agence. Pourtant, alors que je me trouve au bord de la retraite, vous me proposez un tel poste. Quelle marque de confiance ! Quel extraordinaire aboutissement de carrière !

Comme toujours il y a des imbéciles, des jaloux, qui affirment qu'au fond, je ne suis que le bénéficiaire d'un changement de vocabulaire intervenu dans les définitions de poste. Quand je suis entré, le titre de « Directeur d'agence » était réservé à ce qu'on appelle aujourd'hui un « Directeur régional » à la tête d'un groupe comprenant une agence mère et des bureaux rattachés, permanents et allégés puis bureaux allégés seuls, les permanents ayant été allégés des charges administratives qui nuisaient à une bonne exploitation. Bref, nous n'avions que des responsables de bureaux et le directeur était unique. C'est quand même bien mieux aujourd'hui. La promotion sociale est dans le changement de vocabulaire. Je ne serai plus responsable d'agence mais directeur d'agence. Nuance… L'important est de ne plus être responsable et un directeur ne l'est pas puisqu'il est Directeur, pas Responsable. Forcément. C'est le même procédé que pour les balayeurs devenus « techniciens de surface ». L'expression se galvaudant, ils sont devenus des « agents de propreté ». Vive la promotion marketing.

Mais je m'égare car l'essentiel est que demain les clients puissent m'appeler « Monsieur le directeur ». Et ils ne pourront pas utiliser l'expression vis-à-vis d'un quelconque collègue puisque je serai seul dans mon agence. Si vous voulez mon avis, le développement de ces agences gérées par un solitaire sont une formidable opportunité de promotion. Quelle erreur de les avoir abandonnées en 1977, uniquement parce qu'un certain Jean-Michel Ardellier avait été abattu, sans témoins ni caméras, dans l'agence de Courtenay où il était seul. Maintenant, nous avons des caméras. C'est beaucoup mieux pour les veufs ou veuves, les orphelins et la police.

Sur ce sujet de la veuve et des orphelins, j'ai bien compris votre souci et je trouve comme vous que la loi est vraiment mal faite. S'il m'arrive un accident, si je suis victime d'un hold-up, d'un malaise cardiaque, si je défuncte inopinément sur ma chaise, c'est votre responsabilité qui est engagée. Je dis bien votre responsabilité, celle de Yann Statick, *intuitae personnae*, et non celle de la *Société Générale*. Responsabilité civile et pénale. Quelle horreur… Vous qui, dans le cadre de vos fonctions, m'offrez une si belle promotion avec, qui plus est, une augmentation de 1 600 € bruts annuels, pourriez être individuellement victime de mon épouse s'il lui venait la fantaisie d'engager une procédure à votre encontre parce qu'il me serait arrivé un accident. Quelle injustice ! Madame Parisot a bien raison de dire que « la liberté de penser s'arrête là où commence le Code du Travail. » J'ai donc décidé, sur votre conseil, de faire signer à mon épouse le document que vous m'avez si aimablement transmis et par lequel elle s'engage à renoncer à toute procédure à votre encontre. C'est bien le moins que je pouvais faire pour vous remercier et vous permettre de continuer dans cette voie de l'ouverture d'agences tenues par une seule personne, sans risque aucun pour vous, comme il se doit, compte-tenu de votre statut social élevé. Forcément...

Il me faut aussi vous dire que cette promotion est, pour moi, l'occasion d'une merveilleuse revanche. En effet, dans mon actuel poste de conseiller, je suis abreuvé de messages sur les insuffisances de ma production comme, par exemple celui-ci :

« Nos résultats sont **CATASTROPHIQUES** par manque d'implication des un(e)s et des autres à quelques très rares exceptions près, jugez-en vous-mêmes : 66 devis en 1 semaine => - 1 contrat AUTO net et 8 contrats MRH nets => **7 contrats nets en 1 semaine !**

Difficile de faire moins.

Des messages forts ont été passés au cours des réunions de RA en semaine 36 et auprès des conseillers en semaine 37

Il s'agit maintenant de se concentrer sur l'IARD en appliquant le mot d'ordre qui a été rappelé :

1 BILAN IARD = 2 DEVIS/JOUR
ET PAR CONSEILLER

Il est maintenant plus que temps de réagir.

Bons devis et bons contrats. »

« Bons devis et bons contrats », voilà une curieuse formule de politesse mais ce sont là les us du temps. Demain, en tant que Directeur d'agence, j'aurai le plaisir de rédiger moi-même d'aussi merveilleux textes d'encouragement. Comme je suis seul dans mon agence, je n'aurai d'autre choix que me les adresser. Ainsi, j'aurai le plaisir de l'écriture d'un texte hargneux où les gros caractères soigneusement utilisés mettront l'accent sur mes insuffisances mais aussi le plaisir de sa lecture pour corriger ces insuffisances indignes d'un commercial. Je vais appeler ce nouveau procédé de marketing l'automotivation. Je suis sûr qu'il est appelé à un grand avenir.

En vous renouvelant mes remerciements pour cette promotion inespérée, je vous prie d'agréer, Monsieur le Directeur, l'expression de mes sentiments respectueux et dévoués.

Gaston Deschanel

$$$

6 octobre 2010 : Épilogue provisoire de l'affaire Kerviel, le jugement du Tribunal Correctionnel de Paris condamne lourdement Jérôme. Au passage, un nain sectaire nous fait un fromage sur la nécessité d'introduire des jurés populaires dans les tribunaux correctionnels. Il n'y a là que démagogie pour habiller des règlements de comptes avec la Société Générale *d'une part et Daniel Bouton, d'autre part. Cela peut être rappelé mais ne mérite en rien qu'on s'y arrête. Donc, passons… Mais la réaction de la Directrice de la Communication, elle, le mérite, d'autant que son prédécesseur dans ces fonctions, Hugues Le Bret, surfe formidablement sur la vague pour faire la promotion de son bouquin* La semaine où Jérôme Kerviel a failli faire sauter le système financier mondial. Journal intime d'un banquier. *Si Kerviel avait fait sauter le système financier mondial, l'ouvrage n'aurait pu exister car l'Histoire changeait de dimension. Alors, merci Jérôme ! Nul doute qu'Hugues Le Bret lui reversera une partie des droits d'auteur pour aider au paiement des dommages-intérêts.*

À Madame la Directrice de la Communication,

VIVENT LES AFFAIRES !

Ah les affaires, il n'y a que cela de vrai. Faire des affaires, c'est là le socle de notre métier. Vivent les affaires. Voilà le slogan de tout banquier qui se respecte. C'est formidable les affaires. Prenez l'affaire Kerviel, par exemple Et hop, grâce à elle, *Société Générale* fait la une de la presse. Et gratuitement, s'il vous plaît ! Gratuitement, il n'y a que cela qui compte. Disons-le franchement : grâce à Jérôme, on a vraiment fait une affaire. Et pour payer cette affaire, je suis bien d'accord avec vous qu'il serait injuste de lui laisser la facture établie par le tribunal.

Je vous le dis tout net, j'ai adoré vos propos : « Il n'est pas question de réclamer de telles sommes à un homme seul. Est-ce qu'on a l'intention d'aller endetter Jérôme Kerviel sur 177 000 années ? La réponse est non. Nous sommes une banque responsable et nous sommes une banque dans son époque. »

Ah la belle langue de bois que voilà ! Sincères félicitations, elle n'a rien à envier à celle d'un porte-parole de parti politique ou de gouvernement. Banque responsable ? Et dans son époque ? Au premier abord, les deux expressions sont totalement antinomiques. Pourtant, en y regardant de près, peut-être avez-vous raison !

Ainsi cet entrefilet : « La *Société Générale* a réalisé une plus-value de l'ordre de 20 millions d'euros, selon les calculs des *Échos*, en effectuant un important aller-retour la semaine dernière sur le titre de *Deutsche Bank* dans le cadre de l'augmentation de capital de cette dernière. » Juré, craché, depuis que Kerviel puis la crise sont passés par là : plus d'opérations spéculatives pour compte propre. Si on vous le dit…

Ainsi, ce plan « Ambitions 2015 » et les 990 suppressions de poste qui l'accompagnent. Là, franchement, il faut reconnaître qu'en communication le Jeff a fait fort : c'est 990 et pas 1 000. Il a hésité à annoncer 999 pour séduire l'actionnaire comme l'étiquette du supermarché attire le chaland. 1 000 c'est trop, cela marque les esprits, cela impressionne défavorablement. Même l'actionnaire qui s'en inquiète. Alors, la psychologie de bazar fait irruption ! 990, pas un de plus ! Qui dit mieux ? Adjugé. Vendu ! Jeff n'est pas psychologue, il est polytechnicien, nuance ! Supprimer 990 emplois, c'est être une banque dans son époque, qui fait des économies, qui pratique la nécessaire rigueur car c'est supprimer 990 bouches inutiles à nourrir ! Sans compter le reste de la famille, évidemment. C'est cela, la vraie responsabilité sociale : éviter que la société en général (et donc la *Société Générale* en particulier) ne nourrisse des parasites qui n'ont fait aucun effort pour se hisser vers les sommets de la réussite sociale.

Alors je suis d'accord avec vous qu'il serait injuste que le petit Jérôme, qui faisait des tas d'efforts et d'heures supplémentaires gratuites pour être le meilleur dans un système où la réussite ne se mesure qu'à l'argent gagné, soit si durement sanctionné. Il serait également totalement irrationnel de l'envoyer 3 ans en prison, car pendant ces 3 ans, il ne serait pas rémunéré.

Il faudrait donc l'endetter non plus sur 177 000 ans mais 177 003. Les juges ont fait l'impasse sur ce point pourtant capital.

Devant cette situation dramatique, j'ai réuni mes amis du fan-club de Daniel Bouton. Si, si, le CGP (Comité des Groupies du Président) continue même si depuis sa démission et l'arrivée de l'usurpateur, il n'y a plus d'adhésions nouvelles, hélas. Ces réunions sont comme toujours extrêmement productives, sujet oblige. Rien à voir avec les grandes messes organisées dans les DR où les cadres responsables viennent écouter la bonne parole et se former à la distribution de coups de pied (de l'âne, il va de soi) à leurs fainéants de subordonnés. Mais je m'égare. Bref, nous avons débouché sur plusieurs propositions :

– Réduire le montant de 4,9 milliards des dommages-intérêts alloués par le paiement des heures supplémentaires effectuées par Jérôme. J'ai lu attentivement ses mémoires : commencer à 8 heures pour finir à 22 heures, il y a nécessairement de la marge. Bien entendu, en banque socialement responsable, nous verserons à l'URSSAF, à Pôle emploi et aux caisses de retraite les cotisations correspondantes.

– Après cette opération, nous suggérons de remplacer le solde par le versement annuel d'une rente de 730 000 euros correspondant à la retraite chapeau versée par la banque au malheureux Daniel Bouton, victime essentielle de l'affaire.

– Enfin et dernière étape, il convient d'indemniser notre malheureux ex-président du préjudice subi par la fin brutale qu'il a dû mettre à son mandat. Mais sur ce point, il serait anormal de présenter la facture à Jérôme car ses 4,9 milliards ont quand même permis d'occulter les 2 milliards de pertes 2007 sur les subprimes. Donc présentons la facture à la BFI, sans pour autant réduire les bonus car ce serait alors prendre le risque de créer de nouveaux pauvres. Contentons-nous d'économiser sur les week-ends de détente pour traders au Royal Deauville ou à Djerba, comme le raconte si merveilleusement ce brave Jérôme, toujours bien seul à en parler (les autres en grands timides n'osent pas) : 600 à 700 personnes, l'intégralité du Royal, concert privé de Noah, transport en voitures ou avions de location. Cela doit bien représenter quelques centaines de milliers d'Euros par week-end à reverser à notre cher Daniel.

Comme vous pouvez le constater, Madame la Directrice, il reste dans cette entreprise nombre de gens soucieux du bien commun de nos dirigeants qui n'hésitent pas à s'investir dans la recherche d'innovations pour le plus grand soin de notre image de « banque responsable » et surtout « de banque dans son époque ». Bien entendu, notre Comité continuera à œuvrer pour vous proposer d'autres suggestions répondant à nos soucis communs.

En mon nom propre et en celui du Comité des Groupies du Président, je vous prie d'agréer, Madame la Directrice, l'expression de mes sentiments respectueux et dévoués,

Gaston Deschanel

$$$

30 novembre 2010 : Ma « brillante carrière » à la Société Générale *prend fin mais je ne pouvais pas décemment partir sans un dernier message aux collègues de la DEC.*

Salut et fraternité, citoyens collègues,

Ce soir, j'aurai cessé de faire partie du personnel de la *Société Générale*, pardon de *Société Générale* (causons moderne) comme dit cet ingrat de Gaston Deschanel qui, sans moi, n'aurait eu aucune notoriété.

Il n'y a pas eu et il n'y aura pas le traditionnel pot de départ. Il eut fallu pour cela qu'il fût possible — voilà un imparfait du subjonctif digne d'un Président de la République en exercice — d'éviter la tartufferie des discours convenus en ces circonstances. Car mon petit doigt et aussi quelques amis m'ont dit que mon départ était le bienvenu aux yeux d'une bonne partie de la hiérarchie, et pas seulement locale. Et cela ne se dit pas dans un discours de départ qui doit toujours comporter les félicitations et remerciements de la hiérarchie pour la brillante carrière accomplie entraînant une réponse larme à l'œil du partant sur les merveilleuses années passées à la *SG*. Vous m'imaginez dans ce tableau ?

Pensez donc : voilà trois ans et deux mois que je plombe les comptes de cette entreprise, parce qu'il n'a pas été possible de me trouver un poste, trois ans et deux mois que je suis allé de mission inconsistante en mission inconsistante. Trois ans et deux mois que des salariés sûrement mal intentionnés me font suivre messages absurdes, règlements de challenges ou autres me permettant de mettre à profit le temps libre des soirées et week-ends pour lâcher la plume du Gaston. Qu'ils en soient remerciés, ainsi que les Fredo, Jeff, Severin, Didi ou autres inconséquents dont la prose toujours si originale et percutante oscille entre les ordres du jour aux armées en campagne et la béatitude des remerciements pour les exploits accomplis. Et à vous, collègues de la DEC, je tiens à signaler que les 34 500 € de mon salaire brut annuel vont constituer une économie totale pour la DEC puisque ces 34 500 € n'étaient plus assortis d'une contrepartie de travail. C'est donc le moment de réclamer une augmentation, surtout si vous envisagez de l'investir dans des projets respectueux de l'environnement plutôt que dans les symboles destructeurs de la société de consommation.

Demain, hélas, les méthodes de management vont évoluer encore plus vers l'absurde : le *Kaizen* (méthode *Toyota*) et le *Lean management* (méthode *Motorola*) dont, pour l'instant, nous n'avons eu que les prémices. *France Télécom* qui applique depuis plus longtemps que *SG* a pris de l'avance. Demain, *Société Générale* pourra caresser l'espoir qu'un journaliste s'intéresse à ses méthodes comme, en son temps, Kamata Satoshi avait publié *Toyota, l'usine du désespoir*, livre hélas, toujours d'actualité. Mais rassurez-vous, les apparences seront sauves puisque le *Lean* vise, selon ses adeptes, à permettre le dépassement de soi au travail. Dans cette prétendue « course à l'excellence », il faut nécessairement des éléments de comparaison, les concurrents (il y a belle lurette qu'on ne dit plus confrères), les autres DR, les autres DEC, etc. « Et quand se posera la question de savoir qui sera liquidé lors de la prochaine rationalisation d'entreprise, alors même le département voisin et le collègue immédiat deviendront des ennemis. »

Cela s'est déjà produit au sein de la *Société Générale* avec les multiples restructurations initiées depuis 1987. La continuité est dans le merveilleux projet « Ambitions 2015 » :

« Le 2e axe vise à la mise en œuvre d'une politique de Ressources Humaines responsable en matière de rémunération et orientée vers le développement des talents à travers :

– l'évolution des modes de management et du dispositif d'évaluation de la performance : équilibre entre le résultat et la manière de l'atteindre, actions de formation et d'accompagnement des talents pour tous les métiers, renforcement de la culture d'entreprenariat, d'innovation…

– la mise en place d'un plan d'actions gratuites en complément des éléments du dispositif de rémunération actuel (part variable, participation, intéressement…).

Le 3e axe consistera à s'appuyer sur la mutualisation des moyens de production et sur l'industrialisation des processus en encourageant les initiatives et les échanges de bonnes pratiques favorisant une plus grande efficacité opérationnelle dans l'ensemble du Groupe, tant en France qu'à l'étranger. »

Management, performance, talents, mutualisation, industrialisation, échanges de bonnes pratiques, efficacité opérationnelle… Bienvenue dans le monde merveilleux du Kaizen et du Lean[2]. Reconnaissons les mérites sociaux de ces systèmes. En créant des exclus, ils justifient la recherche d'accords sur l'égalité professionnelle, l'emploi des seniors, l'emploi des handicapés qui améliorent tant l'image sociale des politiques et dirigeants.

Ce qui nous ramène à l'inévitable Karl Marx, redevenu le chouchou des néolibéraux et même d'Alain Minc (c'est dire) pour la pertinence de ses analyses sauf peut-être sur l'aspect nocivité du travail où l'ami Karl écrivait :

« Le travail lui-même est nuisible et funeste, non seulement dans les conditions présentes, mais en général dans la mesure où son but est le simple accroissement de la richesse ; voilà ce que démontrent les économistes sans en être conscients. » (K. Marx, Manuscrits, 1844)

Persuadé de la justesse de cette analyse, je ne pouvais évidemment que partir.

Au revoir donc et meilleurs souhaits de résistance individuelle et collective au diktat de la pensée unique.

---

2. Pour une connaissance très concrète de ces méthodes et de leurs conséquences, voir ou revoir les reportages de Jean-Robert Viallet, diffusés par *France 3* en 2009 intitulés « La mise à mort du travail », prix Albert Londres 2010.

GLOSSAIRE

A, B, C, D, E, F, G, H, I, J, K, : Niveaux de classification de la Convention Collective. Les niveaux A à G sont ceux des Techniciens des Métiers de la Banque, les niveaux H à K, ceux des cadres. Au-delà, 950 cadres hors classification constituent les équipes de Direction.

ABN AMRO : *ABN AMRO* était une banque commerciale et d'investissement néerlandaise qui fut rachetée le 10 octobre 2007 par un consortium composé des banques *Fortis*, *RBS* et *Santander*. Le rachat d'*ABN AMRO* constitue la plus grande acquisition jamais réalisée dans le secteur bancaire avec un montant de 70 milliards d'euros. On sait ce qu'il est advenu de *Fortis* démantelé pour ne pas disparaître et partiellement revendu à *BNP Paribas*. Quant à *RBS*, son ancien patron, qualifié par *Newsweek* de « pire banquier du monde », a retrouvé un emploi dans un cabinet d'architectes et la banque est aujourd'hui détenue à 70 % par le gouvernement britannique.

ACT (Approche Conventionnelle de Trésorerie) : Convention de découvert en compte pour les particuliers.

AFB (Association Française des Banques) : Chambre patronale du secteur bancaire

AFEP (Association Française des Entreprises Privées) : Fondée en 1983 par Ambroise Roux après l'arrivée de François Mitterrand au pouvoir. Elle réunit presque tous les patrons du CAC 40 et des grandes sociétés françaises. C'est l'un des lobbies économiques les plus puissants de France.

AFUB (Association Française des Usagers de Banque) : Association de consommateurs spécialisée dans l'information et la défense des usagers des banques et établissements de crédits, particuliers ou des entreprises.

ALTERNA, RESERVEA : Appellation commerciale des crédits renouvelables *SG*.

ALTERNANT : Étudiant en BTS ou licence suivant une formation en alternance à la *SG*. Dans le réseau, le statut d'alternant implique des fonctions de guichetier. D'où la difficulté pour la clientèle d'obtenir des renseignements fiables auprès de jeunes manquant de connaissances pratiques sur le fonctionnement de la banque.

AMF (Autorité des Marchés Financiers) : Autorité publique indépendante en charge de la régulation et de la surveillance des marchés financiers et des intervenants.

ARA : Adjoint au Responsable d'une Agence.

$$$

BFI (Banque de Financement et d'Investissement) : Division de la banque en charge des activités de marchés et de finance des grandes entreprises, autrement désignée par l'expression anglaise : *Société Générale Corporate and Investment bank* (SGCIB).

BFM (Banque Fédérale Mutualiste) : Filiale commune de la *Société Générale* et de mutuelles de fonctionnaires. Ses produits sont réservés aux adhérents des mutuelles concernées.

BONNE GAMME : Voir *Segmentation de la clientèle.*

BOUTHAN : Royaume bouddhiste situé entre l'Inde et la Chine utilisant comme indice de mesure le BNB (*Bonheur National Brut*) et non le PNB. Cet indice est mesuré à partir de 4 éléments : la croissance et le développement économique responsables ; la conservation et la promotion de la culture bhoutanaise ; la sauvegarde de l'environnement ; la bonne gouvernance responsable.

$$$

CAP ÉPARGNE : Ce logiciel mis en place fin 2008 permet de classer les clients selon leurs connaissances des risques liés aux produits souscrits. Il fait suite au rapport Delmas Marsallet sur la nécessaire information préalable des clients.

CC (**Conseiller de Clientèle**) : Distinguer les CC Pro chargés de la clientèle des professionnels et les CC Pri pour la clientèle privée (clientèle des particuliers).

CDO (***Collateralized Debt Obligation***) : En français « obligation adossée à des actifs », structures créées sur mesure par les banques à destination d'investisseurs. Les CDO regroupent des ABS (*Asset Backed Security*), le plus souvent constitués de crédits hypothécaires américains.

CGA (Compagnie Générale d'Affacturage) : Filiale chargée des opérations d'affacturage, technique de mobilisation de créances pour la clientèle de professionnels et d'Entreprises.

CGP ou CéGéPistes (Conseillers en Gestion de Patrimoine) : Conseillers dédiés à la clientèle patrimoniale, donc aisée.

CliCom : Clientèle Commerciale.

CliPri : Clientèle Privée.

CliPro : Clientèle professionnelle.

COMITÉ DES RÉMUNÉRATIONS : Composé de 3 « administrateurs indépendants », ce Comité propose au Conseil d'Administration les rémunérations des mandataires sociaux, les plans de stock-options et les distributions d'actions gratuites. Spécialiste de l'application du « Je te tiens, tu me tiens par la barbichette » puisque les rémunérations des membres de ce Comité dépendent d'un Comité identique dans « leur » Entreprise.

COMITÉ DE SÉLECTION : Ce comité composé du Président et des membres du Comité des Rémunérations, est chargé de faire des propositions au Conseil pour la nomination des administrateurs et la succession des mandataires sociaux. Bel exemple des fonctionnements consanguins en vigueur dans les sphères économiques dirigeantes.

CURSUS CADRES : Cursus de formation destiné à permettre aux TMB d'accéder à des fonctions de cadres. Autrefois appelée « examen de chef des bureaux », cette formation a longtemps assuré la quasi-totalité des besoins en cadres. Elle est aujourd'hui soumise à un sévère *numerus clausus.*

$$$

DCE (Directeur Commercial Entreprises) : Cadre en charge du Marché des Entreprises dans une DEC. Autrefois RCC, Responsable de la Clientèle Commerciale.

DCPP (Directeur de la Clientèle de Particuliers et de Professionnels) : Cadre en charge de ces deux marchés dans une DEC. Autrefois RCP, Responsable de la Clientèle de Particuliers.

DEC (Direction d'exploitation Commerciale) : Les 95 DEC regroupent chacune plusieurs Unités Commerciales qui regroupent elles-mêmes plusieurs agences ; elles sont placées sous l'autorité d'un Directeur Régional.

DELMAS-MARSALET Jacques : Auteur du rapport relatif à la commercialisation des produits financiers. Ce rapport a été initié en avril 2005 par le Ministère de l'économie et des finances en raison entre autres de « l'actualité récente relative à des commercialisations abusive ». Quand le rapport est publié en novembre 2005, se déroule l'introduction en bourse d'EDF, qui vaudra des amendes à *SG* et *BNPP* trois ans plus tard.

DR (Délégation Régionale) : Au nombre de 8 pour l'ensemble du réseau France, chacune est chargée de fédérer l'action des DEC qui lui sont rattachées. À ce titre, elles coordonnent des actions d'animation commerciale.

$$$

ERS (Épargne à Régime Spécial) : Désigne les comptes et produits réglementés : Épargne logement, livrets A, Livrets Développement Durable.

ETHOS : Fondation de droit suisse créée en 1997 à Genève par deux caisses de pension et qui regroupe actuellement 84 investisseurs institutionnels. Elle a pour but de favoriser, dans les activités d'investissement, la prise en compte des principes de développement durable et des règles de bonne pratique de gouvernement d'entreprise. Ethos a obtenu l'*Award* ICGN 2009, prix considéré comme la plus haute distinction dans le domaine de la gouvernance d'entreprise et récompensant chaque année des réalisations exceptionnelles dans ce domaine.

EUREX : L'une des principales bourses de dérivés au monde avec *NYSE Euronext Liffe* et le *Chicago Mercantile Exchange*. Créée en 1998 par fusion entre le marché à terme allemand (DTB) et la bourse suisse SOFFES.

EUROKID : À la *SG*, compte sur livret des enfants avant le 1er janvier 2009 et la distribution par tous les établissements bancaires du livret A.

EXPRESSO : Prêt à la consommation *Société Générale*. Ainsi appelé parce que l'entrée des données concernant l'emprunteur dans un logiciel de *scoring* permet une réponse immédiate ou quasi.

$$$

FONDS E : Fonds commun de placement des salariés du groupe *SG* dédié aux seules actions de l'entreprise.

$$$

GAV (Garantie des Accidents de la Vie) : Contrat d'assurance.

GO (Garantie Obsèques) : Autre contrat d'assurance.

GRAND PUBLIC : Voir *Segmentation de la clientèle*.

$$$

IMP (Indice Multiproduits) : Une petite merveille statistique qui se résume ainsi : On additionne le nombre de produits, quels qu'ils soient, gérés dans une agence, puis on divise le résultat par le nombre de clients. D'où l'absolue nécessité d'« habiller » (*sic*) le client dès l'entrée en relation. Chaque produit est générateur de commissions et donc de « Produit Net Bancaire ».

INFINITE : Nom donné à la carte de paiement haut de gamme. Réservée aux clients disposant d'un revenu supérieur à 6 000 € mensuels ou ayant plus de 60 000 € de dépôts dans les livres de la banque. Carte donnant à son porteur des avantages chez certaines enseignes populaires : *Carlton*, *Hediard*, *Fouquet's*, etc.

$$$

MARX Thierry : Chef au relais et château Cordeillan-Bages à Pauillac depuis 1994, il obtient sa première étoile au Michelin en 1996 puis une deuxième en 2000. Espoir pour une troisième étoile depuis 2004. Il est élu en 2006 par le *Gault et Millau* chef de l'année.

MASS AFFLUENT : Nouvelle répartition des portefeuilles clients dans le cadre d'opérations de segmentation de la clientèle en fonction du potentiel attendu des clients. Redistribution en conséquence des fonctions dans les agences.

MEDEF (Mouvement des Entrepreneurs de France) : Organisme de lobbying en faveur des Entreprises françaises dont les dirigeants détiennent la vérité politique (on comprend qu'ils soient à droite) selon Laurence Parisot : « Notre pratique quotidienne de chefs d'entreprise nous donne sur les décisions politiques un regard pertinent et juste : pour discerner ce qui est démagogique et ce qui ne l'est pas ; ce qui est vrai et ce qui est faux dans les propositions économiques que les candidats font aux Français. Nous sommes bien placés pour savoir quelles sont les mesures qui coûtent plus cher qu'elles ne rapporteront jamais, pour repérer les propositions qui procèdent d'une méconnaissance totale du terrain et qui relèvent d'une vue de l'esprit » (discours du 25/01/2007). Accessoirement, syndicat patronal.

MESSALIA : Service de banque à distance sur téléphones mobiles.

MIANNE Christophe : Adjoint de Jean-Pierre Mustier en charge des dérivés actions. Il était à ce titre l'un des supérieurs de Jérôme Kerviel.

MISSION : Lors de la mise en place du programme 4D, les salariés qui refusent de suivre le transfert de leurs tâches dans une autre ville restent sur place et se voient attribuer des « missions », le plus souvent inconsistantes jusqu'à leur reclassement effectif.

MONSANTO : Société américaine. Originellement entreprise de produits chimiques, son nom est associé à celui des PCB (dérivés chimiques chlorés) et de l'agent orange massivement utilisé par l'armée américaine lors de la guerre du Vietnam. *Monsanto* est aujourd'hui un des principaux producteurs de semences génétiquement modifiées. Pour en savoir plus, voir le film de Marie-Monique Robin « Le monde selon Monsanto ».

MUSTIER Jean-Pierre : Directeur général adjoint en charge de la Banque de Financement et d'Investissement lors de l'épisode Jérôme. Considéré comme le dauphin potentiel de Daniel Bouton, il a démissionné en août 2009.

$$$

OBOLENSKY Ariane : Directrice générale de la Fédération Bancaire Française (FBF), est depuis le 1er janvier 2009 présidente du Comité exécutif de la Fédération Bancaire Européenne (FBE).

OCP : Objectifs en Clientèle Privée ou Objectifs en Clientèle Professionnelle.

OPA : Offre d'acquisition payable au comptant à un prix donné de la totalité du capital d'une entreprise cible. Le déclenchement de l'OPA fait débuter une période de temps pendant laquelle les actionnaires de l'entreprise cible ont la possibilité d'apporter ou non leurs actions à l'entreprise acheteuse. On oppose généralement les OPA amicales ou sollicitées, lorsque les deux parties se sont entendues sur les modalités de l'offre, aux OPA hostiles ou non sollicitées. Une OPA amicale est une OPA qui se réalise en accord avec le conseil d'administration de l'entreprise visée.

OPCVM (Organisme de Placement Collectif en Valeurs Mobilières) : Entité qui gère un portefeuille dont les fonds sont investis en valeurs mobilières. Il existe 6 familles d'OPCVM selon la nature des placements : monétaires, obligataires, actions, à fonds alternatifs, de fonds à formule, diversifiés. L'outil CAP ÉPARGNE est, entre autres, un instrument d'orientation des choix du client entre ces différentes familles.

$$$

PAEN (PArticuliers et ENtreprises) : branche de la Direction Générale en charge de ces clientèles.

PART VARIABLE : voir *RV*.

PNUE (Programme des Nations Unies pour le Développement) : Créé fin 1972, ses activités couvrent une large étendue de problèmes. De la sauvegarde des écosystèmes terrestres et atmosphériques à la promotion de la science environnementale, il élabore également des moyens de préventions et de réponses rapides aux désastres environnementaux.

PROXINVEST : Cabinet de conseil et d'analyse financière française, spécialisée dans l'assistance à l'exercice du vote des actionnaires opérant exclusivement pour les investisseurs. Il se présente ainsi : « Face à l'irresponsabilité de certaines sociétés, il convient de défendre la démocratie actionnariale puisque le vote libre des actionnaires est seul à même de freiner les abus et la complaisance, comme le démontre le dernier Rapport sur la Rémunération des Dirigeants » (*proxinvest.com*).

PSC (Pôle Service Clients) : Entité de traitement administratif des dossiers clients. Conçue dans la volonté d'industrialisation des procédures et de réduction des coûts.

$$$

4D (Dispositif de Distribution de Détail de Demain) : plan de restructuration du réseau *Société Générale* visant à l'industrialisation des processus de traitement des opérations du réseau.

$$$

RA et ARA : Responsable d'Agence et Adjoint au Responsable d'Agence

RAGB (Rémunération Annuelle Garantie Brute) : Rémunération fixe hors primes exceptionnelles et commissions

RAM (Responsable Animation Marché) : Au sein de chaque DEC, plusieurs RAM sont en charge des différents segments de marché : jeunes, bonne gamme, grand public, professionnels. Sous l'autorité du DCPP, ils assurent le suivi des statistiques et la dynamisation des équipes de vente.

RCL (Responsable Clients Local) : Cadre en charge d'une Unité Commerciale (UC).

RCP : Ancienne appellation du DCP P.

REPORTING : Compte-rendu d'activité sous forme de feuille de temps.

RESO : Comme son nom l'indique, direction du réseau.

RGA (Responsable de la Gestion Administrative) : Cadre dans une Direction d'Exploitation Commerciale (DEC) en charge des fonctions support : logistique et personnel.

RH ON LINE : L'Intranet des ressources humaines à la *Société Générale.*

RICOL René : Médiateur du Crédit. Chargé de résoudre les difficultés des Entreprises dans leurs relations avec les banques pour l'octroi de crédits de trésorerie ou d'investissement.

ROE (Return On Equity) : Taux de retour sur capitaux propres ou rentabilité des capitaux propres. C'est le ratio résultat net/capitaux propres, véritable obsession de la Direction Générale avec des objectifs autrefois de 19 %, aujourd'hui de 15 %. Pour rafraîchir les mémoires sur les risques sous jacents, le ROE de la Banque de Financement et d'Investissement était de 47,6 % en 2006, celui du groupe *SG* de 25,8 %, record absolu de la gonflette. Les objectifs ROE du groupe fixés dans le rapport annuel 2008 seront de 19 à 20 % pour l'année 2009… Ce ROE groupe sera en réalité de 3,6 % en 2007, 6,4 % en 2008 et 0,9 % en 2009.

RV (Rémunération Variable) : Système de distribution arbitraire de primes annuelles aux salariés relevant de la classification Conventionnelle. Arbitraire parce que totalement discrétionnaire : aucune règle n'existe.

$$$

SEGMENTATION DE CLIENTÈLE : Technique qui consiste à classifier la clientèle en fonction de ses ressources et de son patrimoine. Pour la clientèle privée, il existe quatre grandes catégories : jeunes, grand public, bonne gamme et patrimoniaux. Les conseillers de clientèle sont classés selon ces catégories. La taille des portefeuilles est fonction du marché auquel vous êtes affecté : environ 1 500 clients pour un conseiller grand public et jeune et 800 pour un conseiller bonne gamme.

SOCGEN.COM : Site de communication de *Société Générale* essentiellement destiné aux relations avec les actionnaires et investisseurs.

SGAM (*Société Générale Asset Management*) : Filiale de gestion d'actifs qui crée et gère au quotidien les produits de placements présentés sur les devantures et prospectus de toutes les agences de la banque : les Sicav et FCP. Fusionnée avec CAM son équivalente au *Crédit Agricole* au premier janvier 2010 pour créer AMUNDI.

SGAM AI (*Société Générale Asset Management Alternativ Investments*) : Filiale de « gestion alternative ».

SGCIB (*Société Générale Corporate and Investment Bank*) : Voir BFI.

SGPM (*Société Générale* Personne Morale) : Abréviation utilisée pour désigner la *Société Générale* seule, par opposition à la notion de Groupe *Société Générale.*

SOGECAP : Société d'assurance-vie et de capitalisation du groupe *Société Générale.*

SOGEPROM : Société filiale spécialisée dans la promotion immobilière. Sera en vedette en janvier 2009 avec un plan de suppression de 26 emplois sans que la notion de reclassement dans le groupe, pourtant légalement obligatoire, ait été prise en compte.

SOGESSUR : Compagnie d'assurances dommages du groupe *Société Générale.*

SHF (Services Haute-fidélité) : Ensemble d'avantages et de services de banque au quotidien réservé aux clients détenant au moins 60 000 € d'avoirs à la *Société Générale* et/ou domiciliant des salaires et revenus mensuels d'au moins 6 000 € sur un compte-courant ouvert à la *Société Générale.* Les principes et « valeurs » retenus pour y accéder nous renseignent très utilement sur la conception bancaire de l'égalité républicaine.

SO MUSIC : Offre commerciale de cartes bancaires en partenariat avec *Universal Music*, permettant l'accès privilégié à des concerts et des téléchargements sur le site d'*Universal.*

$$$

TMB (Technicien des Métiers de la Banque) : salarié non-cadre des niveaux A à G.

$$$

UBS (Union de Banques Suisses) : Banque classique sur le territoire helvétique et première société de gestion de fortune en Europe. A fait parler d'elle grâce au salaire de son PDG, à son implication dans la crise des subprimes, aux suppressions d'emplois (8 700 annoncées en 2009) et à quelques difficultés de communication avec le fisc états-unien.

UC (Unité Commerciale) : Sous l'autorité d'un Responsable Client Local (RCL), l'Unité commerciale regroupe quelques agences situées dans un champ géographique déterminé.

$$$

WILMAR International : entreprise agroalimentaire de droit singapourien, engagée notamment dans la production et la commercialisation d'huile de palme. En 2008, le groupe WILMAR possédait 160 000 hectares plantés en palmier à huile en Indonésie et 60 000 en Malaisie (source wikipedia). Pour les besoins de sa production, WILMAR est adepte de la déforestation massive et a été cité dans un rapport des « Amis de la terre » en 2007.

BIBLIOGRAPHIE-WEBOGRAPHIE

Philippe Labarde et Bernard Maris, *Ah Dieu, que la guerre économique est jolie !*, Albin Michel 1998.

Thorstein VEBLEN, *Théorie de la classe de loisirs*, The macmillan company (1899), Gallimard 1970 pour la traduction française.

Krisis, *Manifeste contre le travail*, Fürth, 1999, Léo Scheer 2002 pour la traduction française.

Lucien Jaume , *Tocqueville*, Arthème Fayard, 2008.

Jérôme Kerviel, *L'engrenage, mémoires d'un trader*, Flammarion, 2010.

Hervé Kempf, *Comment les riches détruisent la planète*, Seuil, 2007.

Jared Diamond, *Effondrement*, Gallimard, 2006.

Nicola Hulot, *Pour un pacte écologique*, Calmann-Lévy, 2006.

Al Gore, *Une vérité qui dérange*, La Martinière, 2007.

Étienne Davodeau, Les mauvaises gens, Delcourt, 2005.

Un remarquable et très diversifié site d'informations : *contreinfo.info*

Celui de *grain.org* : Organisation internationale à but non lucratif qui soutient la lutte des paysans et des mouvements sociaux pour renforcer le contrôle des communautés sur des systèmes alimentaires fondés sur la biodiversité .

Celui de *humaterra.info* : Magazine d'informations sur la nature, la photographie animalière, la vie sauvage, l'écologie et les relations entre l'homme et la terre.

Imprimé par Morvan-Fouillet (35)
Dépôt légal : janvier 2011
N° éditeur : 2-916359